科学原来如此

咦，现代科学好神奇

于启斋　编著

上海科学普及出版社

图书在版编目（CIP）数据

咦，现代科学好神奇 / 于启斋编著 . — 上海：上海科学普及出版社，2016.8

（科学原来如此）

ISBN 978-7-5427-6740-0

Ⅰ. ①咦… Ⅱ. ①于… Ⅲ. ①科学知识—少儿读物 Ⅳ. ① Z228.1

中国版本图书馆 CIP 数据核字 (2016) 第 138332 号

责任编辑　刘湘雯

科学原来如此

咦，现代科学好神奇

于启斋　编著

上海科学普及出版社出版发行

（上海中山北路 832 号 邮编 200070）

www.pspsh.com

各地新华书店经销　三河市同力彩印有限公司

开本 787×1092　1/16　印张 10　字数 200 000

2016 年 8 月第 1 版　2016 年 8 月第 1 次印刷

ISBN 978-7-5427-6740-0　　定价：29.80 元

目录 contents

飞机为什么能飞上天？ / 1

飞机飞过后为什么会留下长长的"尾巴"？ / 4

飞机上为什么要安装"黑匣子"？ / 8

隐形飞机没有克星吗？ / 12

飞机上为什么要装红绿灯？ / 16

风筝为什么能飞上天？ / 19

火焰为什么总是向上的？ / 22

轮船为什么会浮在水面上？ / 24

轮船也要遵守交通规则吗？ / 27

潜水艇为什么可以在水中随意沉浮？ / 30

用电风扇吹风可以降温吗？ / 33

为什么电冰箱能制冷？ / 35

动车组和普通列车的主要区别在什么地方？ / 39

磁悬浮列车为什么跑得快？ / 43

两块磁体两端为什么会吸在一起，又会分开呢？ / 46
为什么汽车容易刹车而火车不容易刹车？ / 48
汽车驾驶室外面的后视镜有什么用？ / 53
汽车为什么要设有气囊？ / 56
橡胶轮胎上为什么有凹凸不平的花纹？ / 59
感受过自行车的摩擦力吗？ / 62
在沙滩上骑自行车为什么蹬不动？ / 65

为什么交通信号灯要用红、黄、绿三种颜色？ / 68
避雷针为什么能够避雷？ / 70
为什么拉油罐车后面都带一条铁链？ / 73
电线杆上的鸟类怎么不会触电？ / 75
手湿时摸电器为什么特别危险？ / 78
电灯为什么会发光发热呢？ / 80
为什么池塘里的人影是倒立的？ / 83

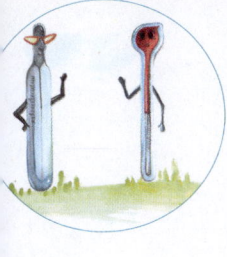

为什么放大镜能够把物体放大？ / 85

你知道照镜子的学问吗？ / 87

为什么吸尘器能吸尘？ / 90

你会科学地看电视吗？ / 93

B超为什么能诊断疾病？ / 96

温度计是怎样表示温度的升与降的？ / 99

水银温度计和酒精温度计有什么区别？ / 102

保温瓶为什么可以保温？ / 105

新棉被为什么比旧棉被暖和？ / 108

冬天里为什么摸铁特别凉，摸木头不凉呢？ / 110

铁为什么容易生锈？ / 112

不锈钢为什么不生锈？ / 115

鞭炮为什么会"噼噼啪啪"地响？ / 119

臭豆腐为什么闻着臭吃着香？ / 121

刀片放在火上烘烤后为什么会变蓝色？ / 124

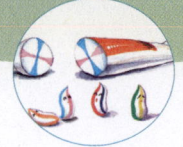

用扇子扇蜡烛和炉火为什么会有两种结果？ / 127

有不怕火烧的衣服吗？ / 130

为什么洗衣机能洗干净衣服？ / 132

洗衣粉为什么可以洗去污垢？ / 135

泡沫塑料为什么会那么软？ / 137

铅笔上的字母H与B是怎么回事呢？ / 139

发生火灾时应该怎么灭火？ / 142

什么是信息高速公路？ / 145

为什么电脑不能代替人脑？ / 149

为什么商品要用条形码？ / 152

飞机为什么能飞上天？

庞大的飞机为什么能飞上天？

嗯——飞机有发动机呗！

才不是呢！汽车也有发动机，怎么就不能飞上天呢？

其实，飞机能够在空中飞行，主要是因为它有着与飞翔有关的力学结构。

飞机在空气中飞行时，机翼能产生足以抵抗飞机重量的升力，所以它才能离开地面升空。

那么，机翼升力是怎样产生的呢？

这首先得从气流的基本原理谈起。我们有这样的体会：风大，空气流动速度就快；风小，空气流动速度就慢。同样的道理，奔腾不息的江水，流经水道窄的地方时，水流速度就快些；经过水道宽的地方时，水流就会慢些。如果我们将粗细不同的管子连接起来，空气流经粗管子时会慢些，流经细管子时就会快些。基于这些例子，我们可以得出这样的结论：空气也好，水流也罢，如果流经的管道细，流速就快；流经的管道粗，流速就慢。

空气和水流的速度变化后，压力也会随之变化。当空气和水流稳定经过一个管道时，流速快的地方压力会小，流速慢的地方压力会大。

飞机的机翼在设计上，上弧度、下弧度并不相同，而且不对称，上翼面的弧度要大，下翼面的弧度要小，而且差距要很大。这样，当空气急速流过机翼上方时，空气的流线密、流速大、压强小；当空气急速流过机翼下方时，空气的流线疏、流速小、压强大。在这样的情况下，机翼上下就产生了一个很大的压强差，当压强差体现在翼面上的总压力差大于飞机重量时，飞机就可以飞上天空，在蓝天中飞翔了。

那么，空气是怎样高速流过机翼的呢？

这就需要飞机有一个相对于空气来说较大的速度，于是，人们发明了螺旋桨和后来的喷气发动机，它们都可以使飞机产生向前的运动趋势，空气与飞机就有了相对运动，相对速度也就产生了，飞机也就能够前进了。现代的航空母舰上加装了起飞"弹射器"，就是为了让飞机获得较大的机翼空气流速，更加便于起飞。

咦，现代科学好神奇

拍拍脑袋想一想

飞机飞行时为什么离不开雷达？

飞机在天空中飞行，看起来没什么阻碍，似乎爱怎么飞就可以怎么飞。其实，飞机在空中飞行是一件很复杂的事情。

飞机在起飞和降落时都需要保持平稳、准确；即便在航行过程中，飞机的操纵人员也需要随时知道飞机本身的高度、速度和位置等相关信息，这一切都离不开雷达的帮忙。还有，当飞机遇到黑夜和大片云雾时，能见度很低，这就需要用飞机上的雷达来辨别方向和位置，以保证飞机按正确的航线飞行。

在飞机场周围安装的许多雷达，它们不仅能够发出电磁波，同时还能接收电磁波。通过雷达的显示屏，人们能够清楚地了解到天空中飞机的情况。这样，工作人员就能够合理地调动飞机的起飞、降落和航行了。

有些飞机上还装有"测高雷达"，专门测量飞机与地面的高度，以免飞机与高高的山峰"接吻"，造成机毁人亡的事故。

简单说来，飞机分为军用飞机和民用飞机两种。军用飞机的雷达通常是用来搜索敌方战机、锁定地面目标用的，以军事用途为主；民用飞机的雷达则多是气象雷达，主要用来探测前方天气情况、地形等。

悄悄告诉你

飞机飞过后为什么会留下长长的"尾巴"？

飞机在天空中飞行时，机身后面有时会拖出一条或数条"白烟"，好像长长的飘带，悬挂在空中，久久不散。小朋友或许会问，这些飞机为什么会拖着长长的"尾巴"呢？

其实，这种现象叫飞机尾迹或凝结尾迹。

许多人都认为，这是飞机飞行时喷出来的"白烟"造成的。其实，这是一种误解。

我们在解释飞机尾迹形成过程之前，不妨先来看一下冬季里的一种现象：在寒冷的冬天，人们从嘴里常常会呵出一团团"雾气"。这种"雾气"很暖和，含有大量的水蒸气，遇到周围寒冷的空气就会马上降温，凝结成无数可以看见的小水滴，这就是我们所说的"雾气"。

飞机尾迹的形成与"雾气"的形成原理差不多。飞机在飞行中会排出暖湿的气体，它与外界冷空气相互混合，使飞行轨迹上的空气所含水汽和热量明显增多，当轨迹上的水汽含量超过空气所能容纳的最大限度

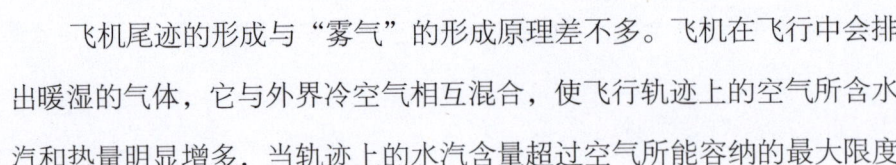

时，就会产生凝结现象，形成雾状的小水滴，这就是飞机后面拖着的"白烟"。随着气流的不断交换和水汽的蒸发，30～40分钟后，"白烟"就会散了。

并不是所有飞机都会形成"白烟"——尾迹。有时候，我们会看到天空中的飞机身后并没有任何尾迹。可有些飞机不仅有尾迹，而且尾迹会在天空悬浮数小时才能散去。

这又是怎么回事呢？

飞机尾迹的外形和持续时间，主要取决于航行高度的大气状况。一般在7 000～8 000米的高空，这里的气温常年处在0℃以下，由于飞机发动机喷口排出的废气中含有大量的水蒸气，当它们遇到外界低温、潮湿的环境时，就会马上凝结成冰晶，形成"白烟"。并且，"白烟"在被风吹动的过程中，还会从周围空气中吸收更多水分，从而"越长越大"。

潮湿和低温环境有利于形成"白烟"。可当周围空气异常干燥时，废气中的水蒸气还来不及形成冰晶就蒸发了，此时便难以形成"白烟"。

飞机尾迹在军事上有着重要的意义。飞机尾迹很容易暴露飞机的踪迹，所以飞行员应当注意利用或避免飞机尾迹的出现。

唭，现代科学好神奇

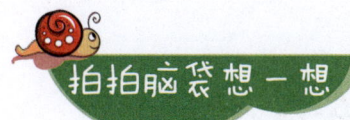

直升机为什么能够停在空中？

我们知道，在地面上行驶的汽车，想走就走，想停就停，行驶时自由自在。那么，在空中飞行的飞机，也能突然停在空中吗？

不！对于普通飞机来说，这是不可能做到的。

这是怎么回事呢？

原来，任何物体想要脱离地面、升到空中，都必须克服一种向下的重力。重力就是地球对周围物体的吸引力。地球重力是竖直向下的，它竭力把地球上的所有物体都牢牢地束缚在地面上。飞机如果想要升空，离开地球，就必须要有一种向上的，而且有足够大的力量来克服重力的作用，这就要靠机翼产生升力来对抗重力。

机翼产生升力必须有相对运动作用于空气。飞机只有不停地飞行才能产生升力，一旦停下来，机翼和空气间的相对运动就消失了，升力也就不存在了，飞机就会从空中掉下来。

可是，直升机可以停在空中执行任务，这是怎么回事呢？

直升机的升空也需要有足够的升力，以抵抗机身的重力，才能在空中飞行。直升机升力的产生，是机顶上不停旋转的旋翼所产生的。当直升机悬停在半空，旋翼仍然在不停地转动，所产生的升力同直升机受到的重力大小相等而方向相反，处于一种动态平衡中。这样，直升机不前进、不后退都可以产生升力。同时，通过调节，直升机还可以不上升、不下降，稳定地悬停在半空中执行任务。

悄悄告诉你

飞机上为什么要安装"黑匣子"？

飞机上为什么要安装"黑匣子"？

要回答这个问题，我们首先要搞清楚什么是"黑匣子"。所谓的"黑匣子"，是装在飞机上的一种特殊仪器，是用来记录飞机上的各种情况的，比如说飞机上所带的燃料是否充足，各种仪表在飞机飞行中是否正常，连乘客的谈话内容也能够记录下来！

飞机在飞行中，难免会发生各种各样的意外情况，甚至发生坠机事故。而"黑匣子"正是这些意外和事故的"见证人"。

为什么这样说呢？

这是因为"黑匣子"有着不凡的功能，它耐高温、耐重压，还能够防水，又安装在比较安全的飞机尾部，即使飞机坠毁，"黑匣子"在一般情况下也不会损坏而保存下来。只要在事故发生地点找到"黑匣子"，就可以通过它了解发生事故的相关信息，从而分析出事故的真相。

黑匣子通常有两种，一种是飞行数据记录仪，记录飞机飞行中的一切资料，包括飞机的飞行速度、方向、高度、机舱压力等；另一种是舱声录音器，录有机务人员的声音。一般飞机都装有这两种黑匣子。因此，

咦，现代科学好神奇

当飞机失事而无人生还时，它能帮助人们找出飞机失事的事故原因。

黑匣子外壳坚实，为长方体，大约有四五块砖头垒在一起大小，本质就是一台收发信机。

飞机在飞行过程中，首先能将机内传感器所收集到的各种信息按时接收下来，并把它们保存起来，自动转换成相应的数字信号，不断地记录下来。如果飞机不幸失事，黑匣子的紧急定位发射机就会自动向四周发射特定的频率，"宣告"自己目前所处的位置，以便于搜寻者按照无线电信号及时寻找到它。

1974年，一架波音707飞机坠入水下3 000多米深的海底，搜寻人员就是靠这种无线电定位信号找到黑匣子的。因为匣内的电池容量有限，定位发射机通常只能连续工作一个月左右，所以一旦飞机失事，必须马

科学原来如此

上寻找黑匣子,当黑匣子中电池的电量耗尽,它就会销声匿迹。

或许有人会问,飞机上的"黑匣子"一定是黑色的吗?

当然不是啦!

飞机上的"黑匣子"之所以被叫做"黑匣子",是因为它能帮助破解飞行事故的秘密,尤其是记录下飞机在失事瞬间和失事前一段时间的飞行状况,因此叫"黑匣子"。所以,你如果认为"黑匣子"是黑色的话,那你就错了。而且,"黑匣子"不仅不黑,还经常被涂成红色或橘红色的。这样的颜色使得它非常醒目,很容易在海洋、树林中被找到。

隐形飞机是怎么回事?

提到隐形飞机,小朋友或许会认为,这是一种隐藏起来的看不见的飞机吧?

不是的!

简单说来,隐形飞机的"隐形"并不是指我们的肉眼都看不到,而是指雷达无法侦察到。隐形飞机能够隐蔽飞行,给对方以突然袭击,来个致命打击。

形状和材料是隐形飞机最核心的两种技术。隐形飞机的外形通常都是凹面的,这样可以尽量使散射的信号偏离想要接收它的雷达。

悄悄告诉你

其次，隐形飞机采用非金属材料或者雷达吸波材料，将雷达发射来的能量吸收掉，而不是反射回去。

迷彩是最早的隐身方式，它是一种光学隐身，我们用眼睛很难分清伪装体原来的形状。如果飞机背面被涂上了一层迷彩的草绿色，就会跟草地的颜色混淆，不易分清；而在机腹涂上天蓝色，飞机看上去就跟蓝天的颜色差不多了。这样一来，无论它是在地上还是天上，人们都很难发现它。

然而，虽然迷彩能够迷惑敌人的眼睛，可雷达出现后，迷彩也就失去了作用。雷达会发出像水纹一般，遇到障碍物就会被反射回来的电磁波。而反射回来的电磁波会在接收仪器上显示为一个光点，这个光点被称为雷达反射截面。发生战争时，人们可以根据雷达反射截面的大小去发现和推测天空中的敌机。

现代的隐形飞机，如美国的B-2隐形轰炸机，它是通过尽量缩小雷达反射截面来实现隐身，不被对方发现的。B-2隐形轰炸机的雷达反射截面是目前世界上各种飞机里最小的，大小仅仅相当于一只水鸟的雷达反射截面，这种成果是很了不起的。也就是说，当B-2从天空飞过时，监视雷达的人在接收仪器上看到了光点，会认为那只是一只鸟，不以为然。当然，距离更远时有可能什么都看不见。

还有，B-2整个机体是由曲面组成的。为了尽量减少雷达波的反射，它的机身上还涂了一种能够产生等离子体的涂料。飞机飞行时，这种涂料能够把周围的空气电离，形成一层笼罩在周围的带电薄膜，散射或者接收射来的雷达波，从而达到不被对方发现的目的。这是一种使用等离子体来达到隐身目的的技术。

不过，涂料是靠它的辐射来产生电离的，对人体有害，因此这种技术一般用在无人机上。

现在，运用最新的材料，隐形飞机在雷达上反射的能量几乎能够做到和一只麻雀的反射能量相同，越来越隐蔽。

隐形飞机没有克星吗？

隐形飞机不容易被雷达发现，难道就可以为所欲为，没有克星了吗？

实际上，任何事情都不是绝对的。随着科学技术的发展，隐形飞机的克星——反隐形雷达悄然登场了。

反隐形雷达就是隐形飞机的克星。

有一种长波雷达，它能够发射出波长大约为几十米的电磁波，这样的电磁波可以用来对付隐形飞机。不管隐形飞机怎么设计，它总得有一个形体，有了形体就不能忽视它的机身长。它的机身长同雷达波长相当，这样就会产生谐振，从而引起较强的反射。还有，这种长波能够降低涂料对雷达波的吸波，从而使雷达获得相当强的反射回波，从而使隐形飞机不再隐形，完全可以被雷达发现。

无载波雷达发送的是无载波脉冲，它是利用隐形飞机的吸波涂料不能够吸收无载波脉冲的弱点，从而把雷达能量置于一种和方波相似的脉冲中，使吸波性涂料丧失吸收处理雷达波的能力，以此来截获目标。因为隐形飞机表面涂有吸波涂料，让涂料内部的自由电子吸收高频能量，

从而消耗雷达波能量,所以一旦雷达发射的脉冲中没有载波形成时,吸波涂料也就不能发挥作用,隐形飞机也就不再隐形了。因而,无载波雷达是一种最有发展前途的反隐形雷达。

双基地雷达,是利用隐形飞机非常规的外形设计的镜面反射特点,把两部雷达分别设置在不同的两个地点上。当一部雷达发射的电磁波被飞机反射到其他地方时,置于另一地点的雷达刚好可以接收这些散射的回波,从而发现隐形飞机的踪影。双基地雷达有多种功能,除了对付隐形飞机外,还具有反射侦察、抗干扰和反雷达导弹轰炸的能力。

超视距雷达,也称超地平线雷达。这种雷达的工作波长比较长,隐形飞机采用的一些隐形措施对这种雷达无效。它能在1 500千米处探测到像B-2隐形轰炸机这样的目标。它比一般雷达"望"得远,还能"看"到直线视距以外的目标。

超视距雷达,它的波长在5～150米,工作频率为2～90兆周之间。它能克服地球曲率的限制,可通过地球电离层反射的目标信号,来对隐形飞机进行超视距探测和跟踪。在一般情况下,雷达波经电离层反射一次能探测到距离5 000千米左右的隐形目标,当再反射一次时,能探测到8 000千米外的隐形目标。

　　"沉默哨兵"无源雷达系统,能在不被敌方发觉的情况下准确探测出隐形飞机的方位,是目前世界上先进的反隐形雷达。"沉默哨兵"本身没有雷达信号发出,所以不会遭到反辐射导弹的袭击,从而保证自身的安全。

　　由此可见,这些新型雷达的相继出现,会逐渐使隐形飞机失去当前突防的优越地位。

唉，现代科学好神奇

拍拍脑袋想一想

对付隐形飞机的武器有哪些？

悄悄告诉你

隐形飞机虽然千方百计地隐藏自己，好不被对方的雷达发现，但是它也有克星。先进的雷达技术能够发现隐形飞机的踪迹，还有一些技术能将它直接打下来，或者对它构成威胁。随着科学技术的发展，对付隐形飞机的武器应运而生。

对付隐形飞机的武器主要有以下几种：

第一种是地空导弹。它可利用雷达提供的隐形飞机信息，提前做好打隐形飞机的准备。隐形飞机在投弹过程时，因能够强烈反射雷达波的弹舱门被打开，它的隐形能力会减弱一会儿，地空导弹可以抓住这一机会，快速跟踪、瞄准及发射，以"近快战法"击落隐形飞机。

高射炮也是隐形飞机的克星之一。现代高射炮的命中率已相当精确，而且具有很强的抗电子干扰能力。用高射炮作战时，可以使用炮瞄雷达、光学或红外设备锁定隐形飞机。在紧急情况下，高射炮还能在短时间内发射大量弹丸，在来袭敌机的航路上形成一道空中"火墙"，威胁敌方隐形飞机的安全。

战斗机也是隐形飞机的克星。隐形飞机的隐形能力主要是针对地面防空的雷达来说的，然而机身上方的隐形能力却相对较差。战斗机在难以确认隐形飞机时，可以拔高飞行。当它飞得比隐形飞机高时，可以远距离发现隐形飞机，随后进行高速接近，用近距格斗导弹或航炮将隐形飞机击落。

从长远来看，激光武器与高功率微波武器等定向能武器，才是隐形飞机的"终结者"。这是因为激光武器可以利用激光束的能量来直接攻击和杀伤目标，指哪打哪。高功率微波武器能使隐形飞机内部的电子设备暂时失灵或彻底烧毁，还能破坏其隐形效果。当隐形飞机遭到高功率微波照射时，它表面涂有的吸波材料会因吸收能量过度而发热变形，导致隐形飞机重则被烧毁，轻则丧失作战能力。

飞机上为什么要装红绿灯？

大家都知道，交通路口都装有红绿灯，用来指挥交通的安全。不过，夜晚当我们抬头仰望时，可以看到空中的飞机上也有红绿灯。飞机在空中飞行应该说是畅通无阻的，可为什么还要装红绿灯呢？

飞机上的红绿灯同陆地上的红绿灯作用是一样的，也是为了避免发生交通事故。大家都知道，虽然天空十分辽阔，但现代飞机的速度非常快，也很有可能出现碰撞。为了避免飞机飞行时发生碰撞事故，除了对定期航班的民航飞机规定有一定的航线之外，同时，飞行员在空中飞行时，还要注意观察前后左右的飞行状况。因此，飞机夜航时，还要在左右两侧以及尾部开三盏航行灯。从飞行员的位置上看，红灯总是装在左翼尖上，而绿灯则装在右翼尖上，白灯装在机尾上。

这三盏灯可以连续点亮，也可以断续点亮。

夜航的飞机打开航行灯以后，飞行员观察起来就十分方便了。当飞行员看到有一架飞机与自己处在同一高度上，只看到红、绿两盏灯，这说明对方正在迎面飞来，两机有碰撞的危险，要尽快躲开。如果只看到一盏灯光，那就说明对方是在自己的右侧或左侧；如果三盏灯同时可见，那就说明对方在自己的上空或下方飞行，这两种情况都没有什么危险发生。

咦，现代科学好神奇

当然，现代飞机的飞行速度非常快，光靠灯光指示是无法完全避开危险的。当天气发生变化，突然出现阴天或大雾天气时该怎么办？因此，科学家发明了一种名叫"飞机接近指示器"的设备，它可以帮助飞行员发现向自己靠近的飞机。这种设备上装有指示灯，可以通过飞机上的雷达不断地向周围发射无线电波，当有飞机飞近时，雷达波就被反射回来，点亮指示灯。飞行员通过不同的指示灯，可以发现近飞机的航向和大概距离。

你知道飞机上的降落伞的原理和作用吗？

小朋友或许都知道飞机上有降落伞吧。你知道降落伞的降落原理以及它的作用吗？

降落伞主要是用柔性织物制成的。它是一种利用空气作阻力，依靠空气的相对运动充气而展开的气动力减速器。现代的降落伞能够使人和物体从空中安全降落到地面，是一种航空工具。

降落伞的作用主要表现在以下几个方面：

用于作战、训练和比赛

空降兵作战一般要降落到地面，这就需要降落伞的帮忙。跳伞运动员在进行训练时和跳伞时都要用到降落伞。在这里降落伞是训练时的主角。

用于应急救生

当飞机失事时,飞行员可以使用降落伞逃生。

用于减速

降落伞可以用于飞机着陆时的刹车减速。降落伞能使飞机着陆时的滑行距离由2000多米缩短至800米至900米。

用于空降空投

在战争中用降落伞空投物资和武器,也是常有的事情。在和平年代,遇到地震以及重大的自然灾害,可以用飞机空投日常生活的必备物资,如食物和饮用水等,或空投救灾人员,这样可以极大地节省在公路或铁路上的运输时间,为救灾赢得时间,将危害降低到最小。

用于回收

降落伞还可以用于科学研究。飞机器的空中回收,无人驾驶飞机、试验导弹、运载火箭助推器、高速探测器以及返回式航天飞行器的回收,还有宇宙飞船和热气球探测器上设备的回收,都需要降落伞的帮忙。

风筝为什么能飞上天？

不知大家有没有放过风筝，或看别人放过风筝？

东南风起时，就是放风筝的最佳季节了。在这个季节，湛蓝的天幕下常常飘飞着各种各样的风筝，有飞鸟状的，有昆虫状的，形状五花八门，材质各异，色彩斑斓，美不胜收。当你看到这些美丽的风筝时，你是否会想到这样一个问题：风筝是怎样飞上天的呢？

风筝飞上天要具备两个条件：一是气体的相对流动，使风筝上下形成一个比较大的压力差；二是风筝要做得体重小而面积大，使得托力足以抵抗重力作用。

首先，风筝是靠"风"这种流体压力差飞上天的。春风吹拂时，自然空间里有了气体的相对流动，这时风筝便能迎着风向，在牵引线的约束下，不断爬升。从风筝侧面看，它就与水平线形成了一个开口向前的锐角。在这个锐角的影响下，风筝下部气流密，上部气流稀，于是上下形成压力差。

同时，春天天气转暖，地面热气上升，更增加了风筝向上的托力，所以只要借助一点儿风力，风筝就能很容易地蹿上天。这也正是人们选择在这个季节放风筝的主要原因。

从风筝的受力情况来看，向下有风筝自身的重力和牵引线的拉力，所以向上的托力必须大于前面两种力。因此，风筝一般都是用薄纸或薄塑料纸制成的，以减轻重力。有些风筝虽然个头很大，重量也大，但由于它的受力面积也很大，所以向上的托力也会相应增大，不会影响风筝的飞行。

当风筝从地面起飞时，先要有一个较大的向上起始托力，也要有较大的风速。因此，放风筝的场地要开阔，不能有挡风的障碍物或可能缠绕风筝线的高层建筑以及一些高大的树木等。像广场、操场、河边这些地方，平坦开阔，风力大，非常适合风筝起飞。有时地面风力小，放风筝的人就得逆着风向牵着风筝助跑一阵，以加大气流与风筝的相对速度，增加起始托力。

风筝一旦腾飞，就可以扶摇直上，越飞越高。这时，只要稍微抖动一下牵引线，风筝就可在蓝天中飘荡。

咦，现代科学好神奇

拍拍脑袋想一想

人们为什么喜欢在春天放风筝？

悄悄告诉你

一到春天，喜欢放风筝的人就全都涌了出来。那么，一年四季有那么多可选的时间，人们选什么时间放风筝不好，为什么非要选择春天呢？

放风筝最基本的条件是风。可是，并不是什么风都适合放风筝。如果风太大，大风会把风筝吹坏，或把线扯断。退一步说，即使风筝勉强飞上了天，风筝飘起来也不稳当，达不到预期的目的。再说，放风筝本来就是一项娱乐活动，风大容易使人感到紧张，谁还有放风筝的雅兴呢。如果风太小，风筝则飞不起来，也达不到娱乐的目的。

既然风大、风小都不行，那一年四季中的哪一个季节才最适合放风筝呢？

夏季大多刮南风，可风力一般都较小，再说，谁也不愿意顶着炎炎烈日，大汗淋漓地去放风筝。秋季有几天刮南风，可以放风筝，可是时间不长，天气变化又快，匆匆忙忙，很多人懒得去玩。冬季北风呼号，不仅风力大，而且气温低，没有人愿意去受冻。只有春季，天气不冷不热，南风轻轻地吹着，这时去放风筝最好不过了。

不过，在愉快地放风筝时，我们还应该注意以下几点：切勿在有高压线、电视塔、电线杆架设施处放风筝；留意气候变化，如有台风、雷击现象，应马上停止放风筝并远离空旷处；应选择空旷处，如公园、海滩等处放风筝，避开障碍物的阻碍。

火焰为什么总是向上的?

不知道你注意过没有，煤气的火焰总是向上的。柴火、蜡烛、火柴、打火机的火焰也都是向上的。你知道这是怎么回事吗？

关于这个问题，我们就要从"热胀冷缩"这一物理现象来说明了。

一般物体都会有热胀冷缩的性质。当物体燃烧时，产生大量的热，使周围空气受热而胀，体积变大，密度变小。单位体积相比较，周围冷空气的密度要大于热空气的密度，所以冷空气的重力要大于热空气的重力。如此一来，热空气就会受到冷空气的挤压，即受到冷空气的压力。

咦，现代科学好神奇

由于气体具有流动性，所以受挤压的热空气就会竖直向上运动，而冷空气则占据了热空气原有的空间。因为热空气是竖直向上运动的，所以火焰也跟随着运动，导致火焰也是竖直向上的。在没有大风的情况下，这种现象尤为明显。很明显，火焰周围的空气是比较热的，热空气一上升，四周的冷空气就流过来补充，因此就形成了燃着的火焰总是向上的情形。

蜡烛燃烧时为什么会一闪一闪的？

当停电时，许多人就会点燃蜡烛。蜡烛燃烧时，你会发现，它的火焰总是一闪一闪的。

这是怎么回事呢？

原来，这是由于蜡烛燃烧时释放能量不连续而造成的。为了说明这个问题，我们将蜡烛放在玻璃罩中燃烧，发现它还是一闪一闪的，说明空气的流动对蜡烛的燃烧影响不大。事实上，蜡烛在燃烧时，总是断断续续地向外释放燃烧所产生的热量，当这种热量以光和热的形式表现出来时，就是我们看到的蜡烛闪动的情况。

你可知道，整个蜡烛闪动的火焰，其温度也不是一样的。为了说明这个问题，我们不妨做一个简单的实验。

我们把火柴横放进火焰下部，烧一会儿再取出，就会发现：火柴杆两边都烧焦了，可中间却没有烧坏。这说明火焰的外部温度比中心温度高。

蜡烛火焰的外焰温度高，是由冷热空气对流造成的。火焰外部供氧充足，燃烧充分，外焰的温度就高；而火焰中心氧气不足，燃烧不充分，内焰温度就低。

轮船为什么会浮在水面上？

你玩过薄金属片吗？把一块金属薄片放在一个装有水的脸盆里，铁片会很快沉下去。可如果你把铁皮捏成船状，再放在水里，哇！铁片竟可以浮在水面上。如果你想让它下沉，要往铁片上加不少沙子才行哦。由此，我们可以想到在海面上行驶的轮船，轮船是用钢铁打造的，里面还载有许多货物。那么，轮船为什么不会下沉呢？

轮船能浮在水面上，是因为所受到的浮力大于船本身以及它所载货物的重量。所谓浮力，指的是浸在液体（或气体）中的物体受到液体（或气体）对它向上托起的力。浸在水中的物体受到的浮力，等于其所排开的水的重量。船舶受到的浮力，就等于船舶排开水的重量，而且浮力是远远大于船舶本身的重量及所载货物的重量的。

轮船在空载的时候，因为重量很轻，所以船体吃水浅，船体只有较少部分没入水中。此时，船体排开的水的重量也较少。轮船在载货以后，由于货物的重量增加了，船体就会向下沉，这时，船体排开的水的体积就会增加，相应的排开的水的重量就增加，当然船舶受到的浮力也就增加了。

当然，船舶的载货量是有一定限制的，不能超载，也就是说，船舶

咦，现代科学好神奇

本身的重量再加上货物的总重，不能超过船舶本身能够提供的最大浮力。否则的话，船舶也会沉下水去的。

应该说明的是，漂浮的船舶在船舷最低处与水面持平时，浮力最大。这时，船体没入水中的体积最大，排开的水量也是最大的。如果船体再低，船舱就会进水，进的水加上船舶及货物的重量，就会大于船体受到的浮力，船舶就会下沉。船越大，吃水越深，也就是说船所排开水的重量越大，船所得的浮力也就越大，当然也就可以装载更多的货物。

在航海实践中，由于水面是有波浪的，特别是海上的风浪很大，船舶要保证相当一部分储备浮力，以便应付风大浪高的恶劣天气。所以，装满货物（理论上还远远没满）的船舶在大风大浪中仍可以安全行驶。

与庞大的轮船相比，沙子却是另外一个典型。沙子虽然很轻，却无法浮在水面上。它的体积小，能排开的水的重量也就少，受到的浮力比重量小，所以只能沉到水底。

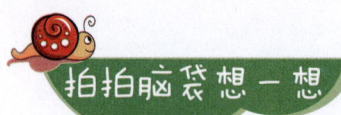

拍拍脑袋想一想

饺子在煮的时候为什么会出现沉浮？

你观察过煮饺子的情景吗？煮饺子也是有学问的。

水煮沸后，将饺子下到水里，因生饺子的密度比水的密度大，所以一开始就会沉到水底。随着水温的升高，饺子馅和皮就会受热膨胀，其膨胀速度要比水来得大，体积比以前增大很多。在重量不变的情况下，水对饺子的浮力增大了，所以饺子就浮起来了。我们就是利用水的对流来煮熟饺子的。

不过，饺子熟后浮在水面上，但当锅里的水凉了后，饺子就会沉到锅底。这又是怎么回事呢？

当物体遇冷时，原来膨胀得快的东西也一定收缩得快。当水冷却后，熟的饺子收缩要比水快，饺子便会沉入水底。

这使我们懂得这样一个常识：物体受热体积增大，在水中所受的浮力就会增大；遇冷体积缩小，在水中所受的浮力就会减少。

悄悄告诉你

咦，现代科学好神奇

轮船也要遵守交通规则吗？

马路上，人人都要遵循交通规则，否则就可能出现危险。

由陆地联想到海上，那么，在大海里过往的轮船也要遵循交通规则吗？

如果一艘轮船正在广阔的大海上乘风破浪，突然，另一艘轮船朝它迎面开来。两艘轮船都开得很快，眼看就要撞上了，这可怎么办？

请不要担心，它们会立即各自向右转，一下就转危为安了。

其实，大海、大江里虽然没有交通警察，也没有红绿指示灯，可却有水上交通规则。所有的船只都会自觉地遵守水上交通规则，安全行驶，以确保两船不会相撞。

比如说，当甲船正稳稳当当地向前航行时，如果乙船追上来，想赶到甲船前面去，它也不能随随便便地瞎闯，按照水上交通规则，乙船必须从甲船的左边驶过去。大轮船、小帆船，满载的货船、卸完货的空船等各种各样的船，在大海、大江里相遇，那该怎么行驶呀？

水上交通规则也有明文规定：轮船让帆船，空船让满载的货船，逆水航行的船让顺水航行的船等。可以肯定的是，只有所有的船都认真遵守水上交通规则，才能保证航行安全。

航海者之间流行着这样一句话："永远把自己设想在最危险的境地。"此外，为了避免事故，主动避让他船，也是保证航行安全的明智举措之一。除了遵守应该遵守的水上交通规则外，我们还应该做到"永远将本船作为让路船"，文明行船。

一切都遵守交通规则，小心行事，才能够"小心驶得万年船"！

咦，现代科学好神奇

拍拍脑袋想一想

轮船为什么要逆水靠岸？

你乘坐过轮船吗？你在感受大江大海美妙的风光时，是否曾注意过：轮船在靠岸的时候，是逆水靠岸的，还是顺水靠岸的？

你一定很好奇吧，原来轮船靠岸也很有学问。轮船在靠岸的时候，先把船头顶着流水，慢慢向码头斜靠，然后再慢慢靠岸。

还有，在长江或其他大河里顺流而下的船只，它们到达岸边时，并不是立即靠岸的，而要先绕一个大弯子，使船逆着水流方向行驶以后，然后才能慢慢靠岸。

原来，轮船逆水靠码头，就可以利用水流对船身的阻力，而起到一部分"刹车"作用。另外，轮船还装有"刹车"的设备和动力，例如轮船靠码头或运行途中碰到什么特殊的情况，急需停止前进时，就可以抛锚，减慢前进的速度，同时，轮船的主机还可以利用开倒车来达到刹车作用，将船停下来。

悄悄告诉你

潜水艇为什么可以在水中随意沉浮？

普通船只能在海面上航行，如果沉到水里，那可就麻烦了。可潜水艇却不同，它既可以在水面上航行，又可以像鱼儿一样潜到水里潜行。

潜水艇为什么能够随意在海中沉下去、浮上来呢？

要明白这个道理，我们可以从鱼儿潜水中得到一些启示。

鱼儿一会儿游到水面，一会儿又潜入水里，完全是靠体内的肌肉不断收缩和舒张完成运动的。鱼在水中的上浮与下沉，主要是靠体内鱼鳔的收缩或膨胀来实现的。当鱼鳔收缩的时候，鱼鳔里的压力增大，里面的空气被挤出一部分来，鱼体的体积会略微缩小，水对鱼的浮力便相应地减小了，鱼就会沉入水下；当鱼鳔膨胀的时候，里面会充满较多的空气，鱼体的体积也相对增大，水对鱼的浮力就会增大些，鱼也就向上浮起来了。

如此说来，难道潜水艇也长有"鳔"，控制着它的上浮或下沉吗？

是的！潜水艇也有"鳔"。

潜水艇的"鳔"是用钢铁做成的大柜子——水柜。这种柜子的大小是固定不变的，但可以人工控制水量。

咦，现代科学好神奇

当潜水艇需要下沉的时候，只要打开进水阀门，让海水灌满水柜，潜水艇的重量增加了，它就会沉下去。当潜水艇需要上浮的时候，只要用设备把大量的压缩空气压进水柜，把柜里的水赶出柜子，潜水艇逐渐变轻，就可以浮出水面。

这样，潜水艇依靠水柜里水重量的变化，就可以随意在水中下沉和上浮了。因为潜水艇排开水的体积没有变，所以潜水艇在水里受到的浮力没有变，只是通过调节潜水艇本身的重量来决定上浮或下沉。当重量大于浮力就下沉；当重量小于浮力就上浮；当重量和浮力相等时，它便可以在任意的水层航行。

小朋友，现在你知道潜水艇是怎样潜水的了吧？是不是觉得很神奇呢？

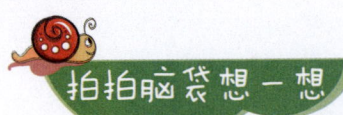

拍拍脑袋想一想

潜水艇潜到水里就不怕风浪了吗？

提到大海，我们就会浮想联翩，如令人惊叹的海鸟，又或者是令人畏惧的惊涛骇浪。的确，大海很少有平静的时候。

正所谓"无风不起浪"，大海中的巨大波浪主要是风力作用的结果。每当风暴袭来的时候，风吹水面，海面上就会出现波浪起伏的一幕。波浪一起一落，那高起来的像山峰似的是波峰，两个波峰之间低凹的部分是波谷。相邻的波峰和波谷之间的垂直差距是波高，波高差距越大，波浪拥有的能量也就越大。

浪大时，一个浪头可以使每平方米受力面受到几吨甚至几十吨力量的冲击。不结实的渔船还真经不起这样的打击呢。所以，当海上风暴即将来临的时候，渔船都要退回港湾，以躲避风暴的袭击。

那么，潜水艇在海里不怕风浪的袭击吗？

关于这个问题，我们其实不必担心。每当风暴来临的时候，潜水艇只要潜得深一些就可以安然无恙了。

当海面上波涛翻滚，一般渔船都难以招架时，在海下一定的深度，却是一个风平浪静的世界。哪怕海面上的波浪再大，但深海处却几乎不受影响。研究表明，波浪在向下传播时，会随着深度的增加而急速地减弱下来。因此，在离海面200米以下的地方，海水几乎都是平静的，一般不会受到波浪的影响。

关于这点，从潜水艇的航行速度中也可以看出来。一般发动机功率为14万匹马力的油轮，如果一小时只能航行23海里，那么让潜水艇以相同的功率在深水下潜行的话，它一小时可行驶27海里。

所以，不管海面上的风与浪有多大，力量有多大，潜水艇在深海里却可以穿梭自如，优哉游哉，丝毫不会因为风浪而受到任何影响。

悄悄告诉你

咦，现代科学好神奇

用电风扇吹风可以降温吗？

炎热的夏天，高温天气总让人难以忍受。这时候，人们就会打开电风扇，随之享受阵阵凉风。那么，用电风扇吹风可以降温吗？

答案是否定的，电风扇吹风是不能降温的。

人体能够产生热量，尤其是夏天，气温高，人们更是汗流浃背。当电风扇对着人吹时，会加快人体身上汗液的蒸发速度，汗水带走了人体表面的热量，人就会感到凉爽。

在这一过程中，电风扇并不能降低环境的温度。如果你不信，不妨用电风扇吹一支温度计，5分钟后再看看温度计上的数字有没有变化。

当然没有变化。温度计不产生热量，它的温度同周围环境的温度一样，当电风扇对着温度计吹时，虽然风很大，但这风的温度跟周围环境的温度一样，所以温度计上的数字是不会变的。

野外的输电线为什么拉得松松垮垮的？

我们用的电都是用电线输送的。不知你观察过没有，电线杆之间的电线都是松松垮垮的。人们为什么要这样拉电线呢？

原来，电线主要是用铜等金属材料制成的，具有热胀冷缩的性质。科学家通过实验证明：气温每升高1℃，每100米电线大约会伸长1.5毫米。温度升得越高，电线伸得也越长；反之，温度降低，电线就缩得越短。

架设电线时如果把电线拉得太紧，电线就没有伸缩的余地，天气一冷，电线就会收缩绷断。还有，冬天空气中的水蒸气会凝结成霜附着在电线上，从而增加了电线的重量。如果电线被拉得太紧，也容易被冰霜压断。

因此，野外的输电线拉得松松垮垮，主要是考虑到了电线的热胀冷缩的性质。

悄悄告诉你

为什么电冰箱能制冷？

盛夏酷暑，如果能喝上一杯从冰箱里取出来的冷饮，那真是舒服极了。这时候你是不是就会感叹家用冰箱真是人们生活的好伴侣呢？

可是，你知道冰箱是怎么制冷的吗？

电冰箱主要由制冷系统、控制系统和箱体三大部分组成，其中最重要的是制冷系统。制冷系统由压缩机、制冷机、干燥过滤器、毛细管和蒸发器等组成。冰箱是以压缩机为中心，连接成一个循环的闭路：压缩机→冷凝器→干燥过滤器→毛细管→蒸发器→压缩机。制冷剂就在这个循环里循环流动。

当压缩机将蒸发器送来的气体制冷剂进行压缩时，由于室温低于制冷剂的临界温度，达到所需的压力后就会液化，液化时就会放出大量的热，这些热量通过设备的散热管、散热片散发到空气中，也就是冰箱后面的散热管。

液化后的制冷剂散热后，当温度降低到与室内温度差不多时，经过缓冲器与毛细管进入蒸发器。蒸发器就是粗管，上面有着导热性能很好的金属片。在蒸发器中，制冷剂吸收了周围大量的热量，渐渐蒸发，使这里的温度快速下降。冰箱的蒸发器就是冷冻室周围的金属部分，由于

蒸发器不断地吸热,使得内部的温度不断降低,一直降低到摄氏零下十几度。

经过蒸发的制冷剂变成了气体,再被运到压缩机里进行压缩,结果又释放出热量,变成了液体,从而完成了一个循环。

前面提到过,蒸发器前还有个用来减压的毛细管,这是怎么回事呢?

试想一下,毛细管的后面就是蒸发器,而蒸发器是很大的,液体流经细细的毛细管后,突然就来到了宽阔的蒸发器里,而且蒸发器后面就是压缩机,压缩机会及时地抽取气体进行压缩,于是,通过毛细管到达蒸发器内的液体制冷剂由于压力低,不得不气化,出现了气化吸热的现象。

咦，现代科学好神奇

拍拍脑袋想一想

空调是怎么制冷的？

在当今社会，空调已经成为了人们生活的必需品，它取代了人们传统生活中的扇子、电风扇和火炉，备受大家的喜爱。那么，你知道家用空调的工作原理吗？

悄悄告诉你

空调器制冷利用制冷剂在液体蒸发成气体的过程中,吸收周围的热量这一原理,从而达到降温的目的。空调器的制冷部分主要有压缩机、冷凝器、干燥过滤器、节流毛细管以及蒸发器等组成。

压缩机将气态的制冷剂压缩为高温高压的液态制冷剂,又被送到冷凝器(室外机)散热,成为常温高压的液态制冷剂,所以室外机吹出来的是热风。然后,气态的制冷剂回到压缩机内被继续压缩,继续循环流动。接着,气体通过毛细管进入蒸发器(室内机)。由于制冷剂从毛细管到达蒸发器后空间突然增大,压力减小,液态的制冷剂就会气化,变成气态低温的制冷剂,从而吸收大量的热量。这样,蒸发器散热就会变冷,室内机的风扇将室内的空气从蒸发器中吹过,所以室内机吹出来的就是温度低的冷风。空气中的水蒸气遇到冷的蒸发器后,就会凝结成水滴,并沿着水管流出去,这就是空调会流出水的道理。

你可知道空调器有四大功能吗?

除湿:空调器在制冷过程中还有除湿作用。人们感觉舒适的环境相对湿度在40%～60%之间,当相对湿度大于90%时,即使温度适宜,人们也会感觉不舒服,而使用空调器可以使这个问题得到解决。

净化空气:空气中含有一定量的有害气体,如氨气、二氧化硫等,以及各种汗臭、浴厕臭等臭气。空调上安装负离子发生器可增加空气负离子浓度,使环境更舒适。

升温:热泵型与电热型空调器都有升温功能,升温能力会随着室外环境温度的下降逐步变小。

降温:在空调器的设计与制造中,一般都将温度控制在16℃～32℃之间。如温度设定过低,一是会增加不必要的电力消耗,二是会造成室内外温差过大,人们进出房间不能很快适应温度变化,容易感冒生病,影响健康。

咦，现代科学好神奇

动车组和普通列车的主要区别在什么地方？

现在的火车增加了新的成员，名字也变了，比如我们经常听到的"动车"之类的。那么，动车组与普通的列车什么不同呢？

大家经常看到的电力机车和内燃机车，它们的动力装置都集中在机车前部，而机车后部则挂着许多没有动力装置的客车车厢或货车车厢。如果把动力装置分散安装在每节车厢上，使它既具有牵引动力，又可以载客，这样的车辆便叫做动车。而几节自带动力的车辆加几节不带动力的车辆组合在一起，就是动车组。

动车组是铁路旅客运输的生力军，崛起快速。

动车组根据动力的牵引方式不同，可分为动力分散电动车组和动力集中电动车组两种。

动力分散电动车组的优点是，动力装置分布在列车不同的车厢上，能够产生较大的牵引力，编组十分灵活。由于它动力制动的轮较多，制动效率相对较高，而且调速性能也好，制动减速度大，适合在限速区段

较多的线路行驶。还有,即使列车中一节动车的牵引动力发生故障,对全列车的牵引指标影响也不是很大。动力分散的电动车组的缺点是,牵引力设备的数量多,总重量大。

　　动力集中的电动车组的优点是,动力装置主要安装在2~3节车上,检查维修比较方便,电器设备的总重量要小于动力分散的电动车组。动力集中布置的缺点是每根车轴负担的重量较大,对线路不利,损坏较大。

动车的技术发展主要表现在功率、速度和舒适性的提高以及电子技术的应用等方面，都优越于普通列车。动车组今后的发展将有特别好的势头，尤其是世界各国正在发展市郊铁路与地下铁道过轨互通，构成城市高速铁路网，动车组在其中将会起到主力军的作用。

动车组的速度要比普通火车速度快很多，主要原因有以下几个方面：

动力牵引方式不同：普通火车由单个火车机头拖动，相当于1个动力车18个拖车，而动车组则是由多个动力拖车拖动，动力更大，速度更快。

编组结构不同：动车组采用8节为固定单位进行编组，重联也只是两组8节动车组联结，而普通火车通常可有18节左右。

力学外形设计不同：动车组外形设计采用流体力学，最大限度地减小动车组在运行过程中所受的空气阻力。

运行的轨道不同：高速铁路动车组一般都有自己专用的轨道，采用密接无缝钢轨，摩擦小，以减小钢轨对车辆的阻力。相对来说，普通火车因轨道的接缝等原因，运行时阻力比较大，因而车速比较慢。

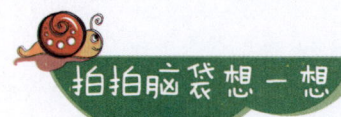

火车轨道上为什么要铺满小石子?

大家在路过铁路时一定会发现这样一个问题：铁轨下面铺满了小石子。这是怎么回事呢？

告诉你吧，这些小石子还有一个专门的名字，叫道渣。你可不要小瞧道渣哦，它们的作用可不小呢。

第一，承载。道渣可以承接由钢轨枕木传递的荷载。铁轨之间的宽度只有1 450毫米，尽管下面有一排排的枕木成行铺垫，但距离仍然很大，毕竟火车非常重，因此铁轨所承受的压力也相当大。当火车装载货物的重量一定时，接触面积越大，所受到的压力便越小。因此，铁轨下面除了枕木外，还需要铺设石子，以分散火车的重量，防止铁轨因压力太大而下陷到泥土里，造成铁道的不平而导致事故。

第二，减震。小小的道渣具有很好的减震作用，可以减少火车对轨道的震动。

第三，防水。小石子间有不少缝隙，可以让雨水尽早流走，不会在铁轨附近储存起来，使周围的地面下陷，破坏路基。

第四，稳定。道渣的棱角彼此交错卡住，被火车一压具有很强的稳定性。另外，火车不停地震动，使碎石块也不停摇晃而堆积得更加紧密，从而使铁轨更加稳定，保障火车行驶安全。同时，道渣还可以缓冲热胀冷缩造成的变形。

另外，火车高速通过铁轨，会产生噪声和高热，而不规则的小石头可以吸收噪声和热量。如果用圆滑的石头，还达不到这个效果呢。

现在你知道火车轨道上为什么要铺设小石子了吧。

咦，现代科学好神奇

磁悬浮列车
为什么跑得快？

高速磁悬浮列车是20世纪的一项重要技术发明。高速磁悬浮列车的速度很快，时速高达430千米，速度不仅快于火车、地铁和轻轨，甚至比一些飞机还快。

你或许会问：高速磁悬浮列车跑得这样快，一定是有着高深的奥妙吧？

其实，磁悬浮列车的运行原理并不神秘。它是运用磁铁"同性相斥，异性相吸"的性质，使磁铁具有抗拒地心引力的能力，即"磁性悬浮"。这种原理被科学家运用在铁路运输系统上，使列车完全脱离轨道而悬浮在空中行驶，成为"无轮"列车，时速在数百千米以上。

玩过磁铁的人都知道，磁铁具有同性相斥和异性相吸的性质。所以科学家根据磁铁的这种性质，相应设计了两种形式的磁悬浮列车：一种是利用磁铁同性相斥原理而设计的电磁运行系统的磁悬浮列车，它利用车上超导体电磁铁形成的磁场与轨道上线圈形成的磁场之间所产生的相斥力，使车体悬浮运行在铁路上；另一种则是利用磁铁异性相吸原理而设计的磁悬浮列车，它是在车体底部及两侧

43

倒转向上的顶部安装磁铁,在T形导轨的上方和伸臂部分下方分别设反作用板和感应钢板,控制电磁铁的电流,使电磁铁和导轨间保持10～15毫米之间的空隙,并使导轨钢板的吸引力与车辆的重力处于平衡状态,从而使车体悬浮于车道的导轨面上行驶,并且十分平稳。

磁悬浮列车与当今的高速列车相比,具有许多无可比拟的优点:

第一,由于磁悬浮列车是在轨道上方行驶的,导轨与机车之间不存在任何实际的接触,成为"无轮"状态,几乎没有轮、轨之间的相互摩擦,所以速度惊人。

第二,磁悬浮列车可靠性强、维修简便、成本低,能源消耗仅仅是汽车的一半、飞机的四分之一,这样可以节省能源。

第三,噪声很小。磁悬浮列车时速在300千米以上时,噪声只有656分贝,仅相当于一个人的大声说话声,比汽车驶过的声音还小,能够减少噪声对环境的污染。

第四,由于磁悬浮列车以电为动力,在轨道沿线不会排放废气、废渣,无污染,是一种名副其实的绿色交通工具。

从上面这些介绍我们可以看出,磁悬浮列车是人类极为理想的交通工具。

咦，现代科学好神奇

拍拍脑袋想一想

人类为什么要修建地铁？

随着城市人口的迅速增长，私人车辆也越来越多，由此带来了城市交通拥堵、环境污染、能源匮乏等一系列问题。于是，人们想到在地下修建地下铁路，简称"地铁"，并且倡导大家少开车，多使用地铁这一公共交通。

地铁与城市中的其他交通工具相比，具有许多优点：

第一，节省土地。大都市的市区土地少，将铁路建于地下，可以节省大量的地上空间，让土地可作为他用。这一点十分可贵。

第二，噪声小。铁路建于地下，可以减少地面的噪声，也可以减少对人类生活的干扰和健康的破坏。

第三，速度快，运输量大。由于地铁的行驶路线不与其他运输系统相重叠、交叉，因此行车受到的交通干扰就少，行车速度快，可节省运营时间，增大运输量。实践证明，地铁的运输能力要比地面公共汽车大7～10倍，是任何城市交通工具都不能比拟的。

第四，减少污染。一般的汽车使用汽油、柴油或天然气作为能源，会产生大量的尾气，如碳氢化合物、氮氧化合物、一氧化碳、二氧化硫、含铅化合物、苯丙芘及固体颗粒物等，导致环境污染。而地铁使用电能，没有尾气的排放，不会污染环境。

现在，有很多国家的地铁与地面铁路、高架道路等联合构成高速道路网，以解决城市紧张的交通运输问题。地铁现代化的发展，已成为城市交通现代化的重要标志之一。

乘坐地铁也比较舒适。我国大多数城市的地铁车站内设置空调，并设有闭路电视、广播、自动防灾报警系统，设备已经越来越完善。

悄悄告诉你

两块磁体两端为什么会吸在一起，又会分开呢？

小朋友或许玩过磁铁，把两块磁铁的两端靠在一起，有时候它们会紧紧吸在一起，十分团结；有时候又会自动分开，闹起别扭。哦，磁铁的脾气真古怪。这是怎么回事呀？

原来，磁铁具有一种能够吸引铁、钢、镍、钴、铬等物质的性质，这种物体的性质叫磁性。有磁性的物体叫磁体，磁体上磁性最强的一端叫磁极。一个磁体有南极——用字母"S"表示，有北极——用字母"N"表示；同名磁极产生排斥力，异名磁极产生吸引力，力的产生都是通过磁场来实现的。磁场的方向用磁力线来描述，从磁铁的北极出发到南极终止。

如果用一块磁铁的 N 极对着另一块磁铁的 S 极，慢慢接近，它们会相互吸引。如果将两块磁铁的同极相对，也就是一块磁铁的 N 极与另一块磁铁的 N 极靠近，或是一块磁铁的 S 极与另一块磁铁的 S 极靠近，它们会相互相斥。

咦，现代科学好神奇

如何区分外形相同的磁铁棒和铁棒？

为了区分磁铁棒和铁棒，我们可以将一根棒的一端插到另一根棒的中间，如果互相吸引，则手里拿到的那根是磁铁棒，另一根是铁棒；当我们将一根棒的一端插到另一根棒的中间，它们彼此不吸引时，则手中拿到的那一根是铁棒，另一根是磁铁棒。

因为，真正的磁铁棒两端具有磁性，中间磁性几乎为零。我们通过上面的实验，能够正确判断出哪根是铁棒，哪根是磁铁棒。小朋友，这是不是件很神奇的事呀？

悄悄告诉你

为什么汽车容易刹车而火车不容易刹车？

不知你留意过没有，汽车与火车相比，汽车刹车很容易，而火车刹车就比较难，这是怎么回事呢？

科学常识告诉我们，物体运动的速度越快，要使它停下来就越费劲。例如，我们在骑自行车时，如果蹬车的速度很快，要想让它停下来，就比较费劲；如果蹬车的速度很慢，要让它停下来就很容易。

咦，现代科学好神奇

这是怎么回事呢？原来，物体动量的大小，等于物体质量的一半和它运动速度的平方的乘积。车辆的刹车，实际上就是用一种力量克服车辆的动量，使车辆停下来。例如，同样的两辆汽车，一辆开足马力以很快的速度行驶，另一辆行驶速度较慢，那么，速度慢的那辆车的动量小，刹车就比较容易。又比如，两辆型号相同的货车，以相同的速度向前行驶，但一辆是空车，另一辆满载货物，在遇到紧急情况刹车时，满载货物的车要比空车难刹住，这是因为满载货物的车子质量比空车大，所以它的动量也就更大。

火车和汽车比起来，火车的身子长，重量大，而且跑的速度也快。火车上的蒸汽机足足有200多吨重，它还要牵引几十节车厢，拖着3500多吨的货物，时速为几十千米，甚至更快。所以，要让这么一个庞然大

物在极短的时间内停下来，可不是件简单的事情。火车紧急刹车时可以从两个方面来考虑，一是增大刹车时对车辆的摩擦力，二是延长刹车的距离。

火车的刹车要比汽车复杂得多，它不能像汽车那样刹住驱动轮就行。如果火车也像汽车一样，刹车时只刹住车前面的轮子，而不管后面的轮子，那就会酿成大祸啦！因为虽然火车前面的轮子停住了，但后面的轮子仍会向前冲，火车就会被推出轨道而翻车。

实际上，火车的刹车是这样的：每节车厢之间有个黑管子，那是列车管，也叫制动管。制动管其实就是用于刹车的。管子里面是压力空气，每节车厢都有个风缸，那是刹车的能源。平时不需要刹车的时候，管子里的压力空气是定压，当需要刹车的时候，司机在机车内操纵制动机，排掉一定量的压力空气，便于刹车，排掉的压力空气越多，刹车力就越大。值得一提的是，排掉管子里的压力空气，并不是排掉每节车厢风缸里的空气。管子里的压力空气排掉之后，风缸的压力空气就会推动闸瓦，类似于刹车片，抱住车轮或者制动盘，达到刹车目的。

在紧急情况下，为使列车尽快停下所施行的制动，称为"紧急制动"，也称为"非常制动"。紧急制动作用比较迅猛，而且要把列车制动能力全部用上。从施行制动的瞬间起，到列车速度降为零的瞬间止，列车所驶过的距离，被称为制动距离。制动距离越小，刹车就越灵。那么，列车的运行速度与制动距离之间是什么关系呢？

我们不妨举个例子来说明这个问题。假如一列由15节车厢组成的列车，运行时速在50千米时，对它实施制动后，可以在向前行驶130米内停下来；当时速增加到70千米时，它要向前行驶250米才能停下来；当时速达到100千米时，它的制动距离为570米；而当列车时速高达120千米时，制动距离就要超过800米。可见，列车的制动距离与速度有着直接的关系，速度越大，制动距离也越大。

赛车为什么跑得比一般汽车快？

赛车拥有与众不同的车型和特快的速度，十分吸引人的眼球。你或许会问，赛车为什么比一般的汽车跑得快呀？

赛车的种类比较多，我们以一级方程式赛车为例来说明这个问题吧。

首先，我们可以看到，一级方程式赛车与一般的小汽车不同，这种赛车发动机的功率比普通汽车的功率大4~5倍。

第二，赛车用特别轻而坚固的碳纤维制成，流线型的车身设计得又低又宽，既坚固，又能减少空气的阻力。

第三，坡形车身的前端能够使高速行驶时产生的气流压住车身，宽宽的轮子有着很强的地面附着力，而且赛车悬架装置可以增加赛车的稳定性，这样就保证了赛车在高速急转弯时车轮也能紧贴地面。在这里它

充分利用了"空气动力学",才使得今天的一级方程式赛车可以具有如此高的速度特性。

简单说来,赛车重心低,行驶稳定;流线型车身,阻力小;发动机功率大,动力充足。这些原因使得赛车可以跑得飞快,其速度是一般汽车所望尘莫及的。

汽车驾驶室外面的后视镜有什么用？

如果你留心观察，就会发现汽车驾驶室外面有两个不大的镜子，这叫汽车的后视镜。不同的汽车，后视镜也是不同的。你或许要问，汽车的两个后视镜有什么用呢？

原来，汽车外面的这两个后视镜，是司机的另两只"眼睛"。这是怎么回事呢？

这个镜子不是平日里大家常见的平面镜，而是凸透镜。可为什么要用凸透镜呢？

原来，凸透镜会把东西照得小了。这样，在一面小镜子里，就能够看到很大一块地方的景物。这是因为凸透镜可以接受超过180°的光反射，从而形成较大的视野面，使司机能够看得更广。

有了这样的凸透镜，就好像在汽车的两侧多了两只眼睛。在停车的时候，司机可以看到乘客上车和下车的情形；开车的时候，司机还可以看到车子两旁和车子后面的情景。

所以，大家可不要小看这车上的后视镜，它可以帮助司机安全行车哦。

汽车上的灯有什么用处？

汽车身上有不少灯。可你知道这些灯的作用吗？

车子前面的两只大"眼睛"，到了晚上会发出明亮的光，使司机可以看清远处的车和人。这便是夜行照明灯，俗称"大灯"。合理使用大灯应做到会车时改用近光，会车后及时改回远光，以放远视线，弥补会车时造成的视线不清。司机开车通过交叉路口和进行超车时，应以变换大灯远近光来提示。

车子后面的红"眼睛"亮了,是在提醒走在后头的车辆:"请注意!我要刹车了!"

车子的前面和后面都有两只小眼睛似的灯。左边的"眼睛"眨巴时,表示:"请让开!我要向左拐弯了!"右边的"眼睛"眨巴时,表示:"我要向右拐弯了!"

实际上,汽车设有夜行灯、信号灯、雾灯、夜行照明灯等,各灯具有不同的用途,其灯光也代表不同的意义,所以使用汽车灯时很有讲究,既不可乱用,也不可不用。下面,就让我们一起来认识几种常见的汽车灯吧。

夜行示宽灯:俗称"小灯",是用来在夜间显示车身宽度和长度的,这对对方来说是很有必要的。平时例行保养汽车时,要经常检查夜行示宽灯。有的司机认为这个小灯不起照明作用,对它不够重视,这是极其错误的。

信号灯:包括转向灯(双闪)和刹车灯。正确使用信号灯对安全行车很重要。它能给对方一个提示,避免事故的发生。

转向灯:这个灯在车辆转向时开启,断续闪亮,以提示前后左右的车辆和行人注意,避免不必要的相撞。转向灯的开启时间要掌握好,一般在距转弯路口30~100米左右时打开;开得过早会给后车造成"忘关转向灯"的错觉,开得过晚会使后面尾随的车辆、行人毫无思想准备,在慌乱中出错。

刹车灯:这个灯亮度较强,用来告诉后面的车,自己要减速或停车了,不要再追车了。这个灯如果使用不当,极易造成追尾事故。

雾灯:在雾天使用,可以帮助驾驶员在雾天驾驶时提高能见度,并能让对面来车及时发现自己,以便采取措施,确保交会安全。

危险报警灯:在特殊情况下,人们就要使用危险报警灯了。例如,车在路上抛锚不能走了,要在来车方向规定距离内放置警示牌,还要开启危险报警灯,告诉后来的车辆,此处有危险,要注意避让行驶。

汽车为什么要设有气囊？

汽车上的气囊一般是指汽车的安全气囊。你知道汽车上设置安全气囊有什么意义吗？

告诉你吧，汽车的安全气囊是为了让驾驶员和乘客在汽车发生碰撞时免受严重伤害而设置的。

一般情况下，汽车发生车祸或碰撞时，会出现两次碰撞。汽车与汽车，或汽车与障碍物之间的碰撞，称为一次碰撞；而乘员与乘员，或乘员与车内构件发生的碰撞，称为二次碰撞。气囊在一次碰撞后，二次碰撞前会迅速打开一个充满气体的气垫，使乘员因惯性扑在气垫上，从而缓和乘员受突然冲击力的影响，可以并吸收碰撞能量，将乘员的伤害程度降低到最小。

安全气囊是由电子传感器、产生氮的充气泵和气囊组成的。当发生意外事故后，安全气囊就会从方向盘或仪表里弹出来，并在 1/20 秒的时间内将气囊充满氮气。安全胀大的气囊会减缓撞击力，不致伤害驾驶员和乘客。

或许你会担心,气囊是不是会将驾驶员给卡住?关于这一点,你完全不必担心,气囊后面有两个孔,待其使命完成后可以把气放掉。而且,它的排气是按照一定的速率进行的,确保让人的身体部位缓慢地减速。

另外,大家不要认为汽车里有了安全气囊,在发生车祸时乘员就能够安然无恙,其实不然。由于安全气囊弹开充气的时速可高达320千米,碰撞时如果乘坐姿势不正确,也将给乘坐人员带来严重的伤害。

同时需要提醒大家的是,如果前排装备了安全气囊,就不要让6岁或身高140厘米以下的儿童坐在前座,更不要将婴儿座椅安置在前乘客座,以免儿童受到伤害。

拍拍脑袋想一想

碰碰车为什么一碰就会转？

悄悄告诉你

你玩过碰碰车吗？碰碰车真是名副其实，一碰就转，十分好玩。可你知道碰碰车为什么一碰就会转吗？

碰碰车是一种机动游戏设施，小朋友都十分喜欢。碰碰车的场地上方的天花板上有通电的电网，地板是撒上少量石墨的金属地板或是水泥地板。碰碰车的四周由橡胶做成，不导电也不怕碰撞；电源由接到天花板的垂直电杆引到碰碰车上，作为车子前进的动力；车上一般最多坐两人，有加速用的脚踏，车上的方向盘可掌握方向。

碰碰车工作的原理是这样的：它采用天网式供电——一种由条状和块状导体组合而成的供电网络，在一块足够大的绝缘板上设置了许多个导电条，相邻导电条的电极性正好相反，各导电条以适当的方法与电源的同名端相连。当一个物体在供电网络里自由移动时，可以通过一个滑动触点组从供电网络中引入电能。采用这种供电方法的碰碰车活动场地，地面不必再铺钢板，可直接使用普通地面。

碰碰车的游戏规则是，驾驶者争取最快的速度在场内完成绕圈，在操作过程中可以横冲直撞，寻找刺激，把对手的车碰开。你不必担心会将车子碰坏，因为它们有橡胶的保护。游戏结束后，操作员会把电源关上。碰碰车的速度通常很低，就是碰撞了，也不会损害人与车。

橡胶轮胎上为什么有凹凸不平的花纹？

不知道你对汽车轮胎上的花纹是否感兴趣。你只要观察一下，就会发现大卡车、小汽车、公交车、自行车、轮式拖拉机等，它们的橡胶轮胎上都布有很深的花纹。那么，橡胶轮胎上为什么都有花纹呢？

轮胎上的花纹是为了增大轮子与地面之间的摩擦力，防止轮子在平整光滑的路面上滚动时打滑，保证行车安全。

汽车在干燥的地面上行驶，轮胎上的花纹还不显得那么重要。但在下雨天，没有花纹的轮胎很容易打滑，这是因为水在路面与轮胎之间会形成一层薄薄的水膜，使轮胎和路面的摩擦力减少。轮胎打滑时，不仅使车子摇晃，还停不下来。如果轮胎上有花纹，水就会从花纹的沟里排出去，这样轮胎和地面仍能紧紧地贴在一起，不容易打滑。

现在轮胎的花纹样式很多，人们习惯将它们分为通用、高越野性和联合式花纹三大类。

通用花纹也叫公路花纹，是使用最早而又最普遍的一种，比如公路汽车轮胎上常见的纵向直线型和锯齿型花纹，除了在柏油路上安全行驶外，它们还可以消除汽车开动时的噪声，所以也称无声花纹。

专供车辆在荒野及松软土地上行驶的高越野性花纹，块大，都带有宽而深的啃泥花纹沟，行驶时不易夹石、藏土和打滑。它们特别适合用于电引力和对地面抓着力要求高的拖拉机、牵引车。

至于联合式花纹的轮胎，它们既能在硬性路面和石子沙砾路面上行驶，也可以在松散、泥泞和冰雪的路面上行驶。

我国的内蒙古、黑龙江和吉林等地，冬天冰天雪地，车辆行驶容易打滑，不管车轮上有什么样的花纹也避免不了。针对这样的情况，唯一的办法就是用铁链制成网状，套在车轮上。行驶时，铁链触地时压强大，

咦，现代科学好神奇

就会被压进路面的冰雪里，深深地压进去，摩擦力大增，起动和停车都方便了。不过噪声太大，对路面的损伤也不小。

所以说，车子轮胎上的花纹十分重要，如果磨出了警示记号，就应该马上换新的轮胎。

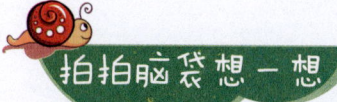

为什么越野车能够翻山越岭？

越野车的本领很大，无论是沙尘飞扬的沙滩荒漠，还是崎岖陡峭的山区公路，或者是泥泞难行的河边石滩，都阻止不了越野车勇往直前。你或许感到奇怪，越野车为什么能轻松地翻山越岭呢？

原来，由于需要的不同，越野车在结构的设计上与普通汽车是不同的。普通汽车一般采用两轮驱动，功率较小；越野车采用四轮驱动，功率比较大，所以越野车在爬坡时常常显得十分轻松自如。

尤为值得指出的是，越野车的底盘比普通的车高，在坑坑洼洼的路面上行驶时，不容易碰伤车体。

还有，越野车的转弯性能也与众不同，能在很小的范围内转弯、掉头，特别适合在山地公路上行驶。

此外，越野车的轮胎通常较大、较宽，增加了轮胎与地面的接触面积，增大了摩擦力，缓解了汽车在松软的路面和沙滩上行驶时车轮下陷的程度，保证了汽车的驱动性能。

小朋友，这下你知道越野车为什么能在野外一往无前了吧？

感受过自行车的摩擦力吗?

骑自行车是你的拿手好戏吧?那就来吧,骑上自行车,感受自行车上的摩擦力喽!加快蹬车的速度,然后再来个紧急刹车……行驶和刹车有什么感觉呀?

接下来,就思考相关的问题吧。

加油蹬自行车——自行车为什么能前进?

自行车是靠车轮与地面的摩擦力前进的。自行车有重量,车轮和地面都不光滑,压在路面上就会产生静摩擦力。当人骑上自行车,用力使自行车开始运动时,后轮与地面产生静摩擦力,方向与自行车前进的正好方向相同,所以会推动自行车向前运动。

压力越大,摩擦力越大——自行车刹车为什么能停止?

自行车的刹车是利用摩擦力使自行车减速和停止前进的。当我们在刹车时,刹皮与车轮间产生摩擦力,使车轮停止运动或速度减小。车轮与地面间的摩擦力由滚动摩擦变成滑动摩擦,强大的滑动摩擦力方向恰好与自行车前进方向相反,使自行车迅速减速或迅速停下来。

增大粗糙程度，增大摩擦力——自行车外胎上为什么有凹凸不平的花纹？

自行车外胎上有凹凸不平的花纹，可以增大自行车与地面间的摩擦力，防止自行车打滑，便于行驶。

滚动摩擦力比滑动摩擦力小——自行车哪些地方安钢珠？为什么安钢珠？

自行车骑起来越轻松、越灵活、越省力才越好，所以在自行车转动的地方，如中轴、后轴、车把转动处、脚蹬转动处、飞轮等部位，都安有钢珠。安钢珠的目的是为了减小摩擦力，保护零件，节省力量。因为滚动摩擦力比滑动摩擦力小得多，用滚动来代替滑动，可以大大减小摩擦力，再"喂"上润滑油，让摩擦力变得更小、更省力。

拍拍脑袋想一想

怪呀，骑自行车时，车子的两轮怎么不倒呀？

自行车只有两个轮子，怎么骑起来会不倒呀？

原来，高速转动的物体都有一种能竭力保持转动轴方向不变的能力。当物体转动时，它的各点都做圆周运动，这些圆周的中心在同一直线上，这条直线叫做转动轴。门、窗、砂轮的转子等都有固定转轴，只能发生转动，而不能平动。人在骑自行车时，前轮和后轮都在高速转动，会产生保持一种转动轴不变的能力。同时，加上骑车人对车把的调节，自行车就不会倒。我们有这样的体会，骑自行车时会不知不觉地把车把转向车要倾斜的方向去。而如果把车把转向相反的一边，对不起，自行车就会摔倒。

骑自行车需要自身的平衡，首先来自于骑车人腰部的肌肉。熟练的骑车人，当自行车稍微倾斜时，人的腰部肌肉会自动把身体拉向另一侧，从而来维持自行车的平衡。学骑自行车是动作记忆，一旦学会了，终生都不会忘记。

在沙滩上骑自行车为什么蹬不动？

你有没有在河边的沙滩上骑过自行车呢？

在沙滩上骑自行车可以说是寸步难行，不管你用多大力气，轮子还是转不起来。这是怎么回事呢？

其实，自行车的车轮转不动，是车轮周围的沙子在捣乱。自行车在沙滩上行驶时，轮子很容易陷进沙子里，是沙子用摩擦力拽住了轮子。

这种摩擦力是怎么回事呀？

这里，我们不妨做一个实验来说明问题：第一步，将一只玻璃杯子装满大米，然后再轻轻地摇一摇，让米粒之间压得比较结实；第二步，用左手盖住杯口，再用右手把竹筷从左手的指缝里小心地竖直插入米杯的深处，插时不要摇晃筷子；第三步，用左手紧紧压好杯口，不要松动，使劲按一按大米；最后，提起筷子——哇！筷子竟带起了杯子。

筷子怎么会将杯子和大米一起提起来？其实，这是利用了筷子和米的摩擦力。当你向上提筷子时，筷子四周的米粒对筷子产生了一个很大的静摩擦力，阻止筷子从米杯里抽出。这种静摩擦力足够大时，就能让筷子将米连同杯子一起提起来。

自行车轮子陷进了沙滩,就像筷子插在压实的大米杯子里一样,在车轮和沙子之间会产生很大的摩擦力,正是这个摩擦力拽住了车轮子。这时候,不管你再怎么用力蹬车,也不能将车子蹬出去。

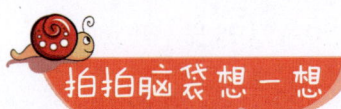

高速公路为什么没有急转弯、陡坡和很长的直线段?

当汽车行驶在高速公路上时,你会有什么感受?是不是觉得车的速度很快,窗外的景物瞬间就过去了?

当然,这可是高速公路呢,不快还算得上是高速公路吗?可实际上,这只是一个表面现象。沿途的行驶中,你应该发现新修的高速路没有急转弯,没有很陡的坡,也没有很长距离的直线路段。对此,你或许会感到迷惑不解,直的路段不是更好吗?

咦，现代科学好神奇

实际上，事情并不是你想得那么简单。高速公路在建设过程中要考虑很多因素。

高速公路没有急弯与陡坡，这很容易理解。汽车在拐弯时会产生离心力，拐弯越急速度越快，产生的离心力就越大，就越容易冲出路面，发生危险。因此有急弯就只能缓慢行驶，高速行驶时就只能拐大弯，否则容易发生交通事故。因此设计人员在设计高速公路的弯道时，会尽可能加大拐弯的弧度，使汽车在高速的情况下顺利通过。这也不难理解，车爬陡坡会费力，下陡坡速度快而危险了，所以高速公路规定，每前进100米，最多不能有超过3米的坡度。因此，高速公路的路面都是蜿蜒、曲折和平缓的。

我们大家都知道，两点之间以直线距离为最短。而在高速公路上，之所以见不到很长的直线段，这是因为高速公路汽车是高速行驶的，长时间的直线行驶，司机的眼睛容易疲劳，注意力容易分散，会在不知不觉中打起瞌睡，很不利于安全行车。

所以说，修高速公路还考虑到了驾驶员自身的情况，这是人性化的突出表现。

为什么交通信号灯要用红、黄、绿三种颜色？

不知你注意过交通路口的信号灯没有？在交通路口一般都有红、黄、绿三种颜色的信号灯。你知道是怎么回事吗？或者说，你知道这三种颜色的信号灯表示什么含义吗？

全世界都采用红、黄、绿三种颜色的交通信号灯，人人都知道"红灯停，绿灯行，黄灯闪烁要慢行"。可为什么要选择这三种颜色作为交通信号灯呢？

咦，现代科学好神奇

原来，这是因为不论是在白天还是夜晚，这三种颜色都最容易识别和区分。红色灯的红光穿透能力强，可以传播得很远，即便是在阴雨天、大雾弥漫或刮风下雪的天气也可以看清。同时，红色还有警示作用，可以引起行人的注意。因此，红色用来表示停止。

黄色是一种暖色，很柔和，能给人们一种减缓、放慢的缓冲效果。因此，黄灯具有示意人们"请等候"的作用。

绿色十分显眼，容易识别，会给人一种安全感，同时绿色还代表着安全、和平。因此，绿色用来表示通行。

拍拍脑袋想一想

夜晚交通标志牌为什么会发光？

不知道你注意过没有，夜晚的时候，路旁的交通标志牌会闪闪发光。你知道这是怎么回事呢？

原来，交通标志牌是用一种特殊反光标志膜制成的，它由保护膜、玻璃微珠、反射层三部分组成。保护膜是用透明塑料制成的，里面掺了着色色料；玻璃微珠的直径在0.25～0.35毫米之间，起着类似球透镜的作用。

外界光线无论从什么角度照射到标志牌上，经过玻璃微珠的折射和反射层的反射后，总会原路返回，便于人们在夜间识别标志。它的光亮程度要比一般油漆标志亮几十倍至几百倍，十分醒目，便于人们在夜间辨识。

悄悄告诉你

避雷针为什么能够避雷？

小朋友也许会注意到，高大的建筑物上一般都安装避雷针。你知道这是为什么吗？

雷雨天气，云层里会有大量的电荷，一次打雷所释放的能量，够10万只100瓦的灯泡照明1小时。这样巨大的能量如果瞬间释放到建筑物或大树上，后果将不堪设想。

电荷有一个特点，即同种的电荷互相排斥，异种的电荷互相吸引。一般情况下，雷雨云的上部带正电，下部带负电。对大地而言，平时正、负电荷是相等的，呈电中性。但在雷雨天气里，由于云里电荷的感应作用，云下层带有负电，正电荷被吸引到地面上来。电荷还有一个特点，它们特别喜欢跑到尖而凸出的地方去。因此，在高大的建筑物或旷野大树的顶端聚集着较多的正电荷，它们很容易就能把闪电"拉"下来——相互吸引，出现放电现象，而导致雷击。

当建筑物安上避雷针后，就可以把云层上的电荷导入大地，使其不对高层建筑构成危险，保证了建筑物的安全。这就是避雷针的作用。

可是，避雷针为什么要装在楼顶上呢？

在雷雨天气里，楼顶上空会出现带电云层，避雷针和楼顶部会被感应上大量电荷，由于避雷针针头是尖的，大量的电荷便会聚集于此。当云层上电荷较多时，避雷针与云层之间的空气就很容易被击穿，成为导体。这样，带电云层与避雷针就会形成通路，从而通过铁条将电引到地下，使雷电不会对高层建筑构成危险，保证了建筑物的安全。

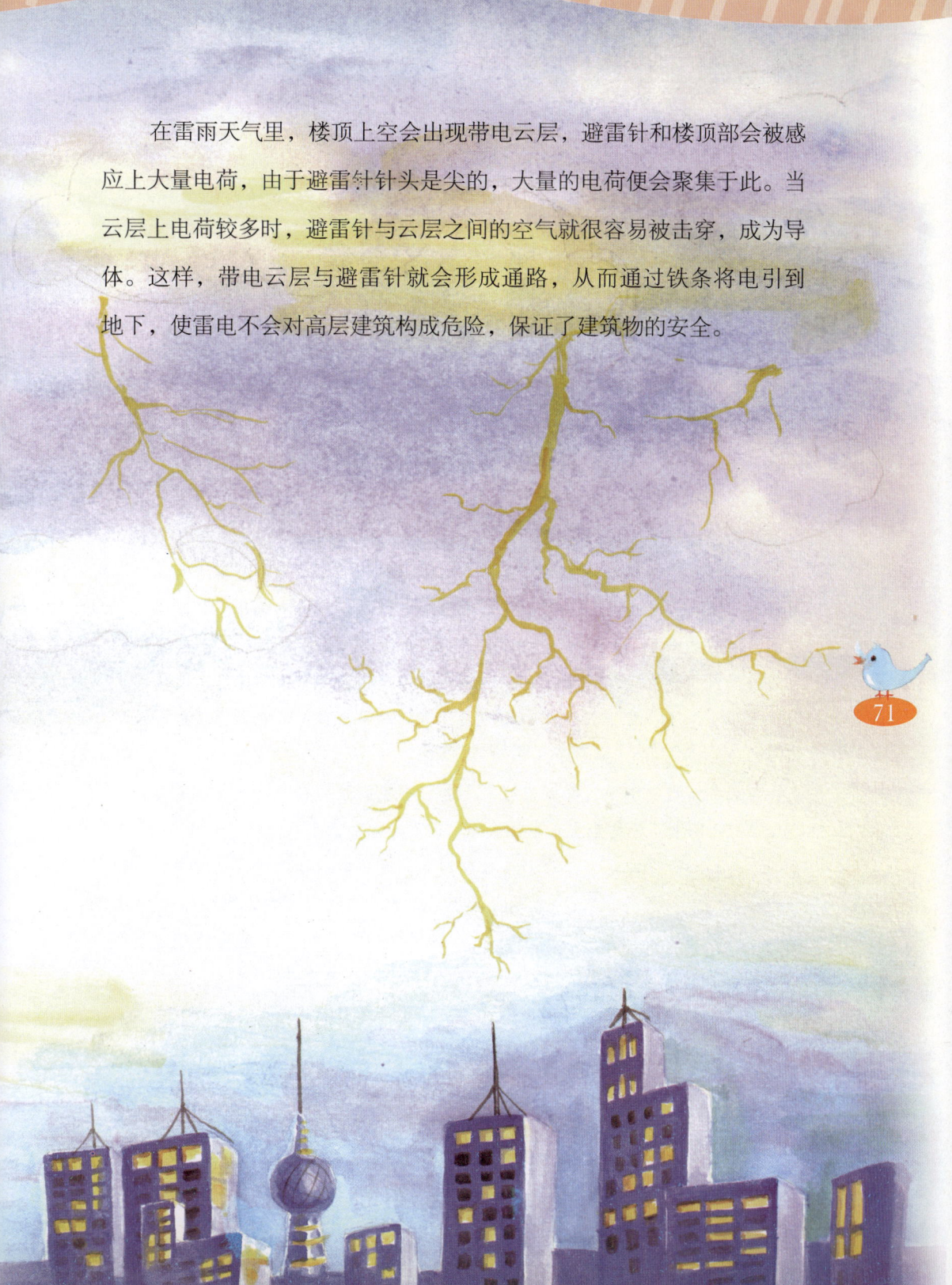

脱毛衣时为什么会听到"噼啪"声？

我们晚上脱毛衣时，会听到"噼啪"声，如果关了灯在黑暗中还会看到蓝色的闪光。你是否曾担心毛衣会着火？可担心的事情却始终没有发生。这又是怎么回事呢？

物体是由原子组成的。原子本身具有正电和负电——原子核带有正电，电子带有负电。一般情况下，原子中的正电和负电数目一样多，整体上呈电中性，我们也感觉不出物体带电。

为了验证原子带电的问题，我们不妨用塑料尺子和绸布相互摩擦，然后拿塑料尺子去接近小纸屑，这时会发现塑料尺子可以将小纸屑给吸引过来。原来，塑料尺子和绸布在摩擦时会产生热，使其温度升高，而它们原子里的电子便会剧烈运动起来，塑料尺原子里比较活泼的电子就会转移到绸布上。这样一来，两个物体所带正电和负电就不平衡了，塑料尺子失去电子，带上了正电；绸布因为得到电子而带上负电。这就是摩擦起电。

冬天气候特别干燥，摩擦很容易生电。当我们脱毛衣时，毛衣和头发就会相互摩擦，分别带上正电和负电。带不同电的两个物体很接近时，就会产生放电现象，带负电的物体把得到的多余的电子还给对方。当我们继续脱毛衣时，就会听到"噼啪"的响声，在暗处还会看到极小的蓝色火花。

空中打雷和闪电也是自然界的放电现象，同脱毛衣的道理是一样的，放电的时候会产生电点火和响声。

悄悄告诉你

为什么拉油罐车后面都带一条铁链？

小朋友，不知你注意过没有，专门用来装运汽油或其他易燃液体的大罐车，总安有一条拖到地上的铁链，好像车后长了一条尾巴似的。这条铁链有什么作用呢？

原来，汽车以及上面所有东西总带电量为零，因为正负电荷一样多，所以不显电性。但是由于摩擦生电，可以产生正负电荷，使得物体部分带电。在运输汽油的过程中，汽油免不了要与油罐内壁摩擦，摩擦就会产生静电。给汽车挂个铁链子，就是用来导电（摩擦所产生的静电）的，也就是将多余电荷导入地下。

科学原来如此

汽车的轮胎是橡胶做的,是较好的绝缘体,起不到导电的作用,而如果不及时把产生的静电导入地下的话,那么当静电累积到一定量时,有可能产生过大的电势。当汽车中所积蓄的过多电荷在一瞬间导出时(比如导入地下),会产生大量的电流。而电流过大容易产生大量的热量,甚至有可能产生电火花,这对运油车来说是很危险的,因为运载的油遇到明火易燃、易爆。用一根铁链拖在地上就能随时把电荷传到地下,防止爆炸。

拍拍脑袋想一想

算一算雷电与你的距离有多远?

盛夏时节,我们经常听到打雷的声音。打雷是正常的自然现象,可你是否知道通过对雷声的判断,我们可以大体估计雷电与自己之间的距离?那么,这是怎么计算的呢?

当我们看到闪电后,立即用表计时,到听到雷声结束,用得到的时间数据去乘以声音在空气中的传播速度,就是雷电发生的地方与我们之间的距离。

假如我们从看到闪电到听到打雷声共6秒的时间,那雷电与我们之间的距离大约就是:340米/秒(声音在空气中的传播速度)×6秒=2040米。

打雷的时候,闪电和雷声是同时发生的。我们之所以是先看到闪电,而后才听到雷声,就是因为光和声音的传播速度是不同的。在常温条件下,声音在空气中的传播速度是340米/秒,而光的传播速度为30万千米/秒。知道了光和声的传播速度,知道了时间,就可以算出雷电与自己的距离了。

悄悄告诉你

咦，现代科学好神奇

电线杆上的鸟类怎么不会触电？

不知道你注意观察过没有，人如果一不小心碰到裸露的电线，就会发生触电的危险，而鸟类竟可以站在电线上毫发无损，它们怎么不会触电呢？难道鸟类有应对触电的特殊本领吗？

应该说，鸟类站到电线杆上，根本不会触电。

电线分零线和火线，只有零线和火线连接起来才有电流通过。而鸟类落在电线上时，它只选择了火线或零线两种中的一种，电流没有形成回路，所以不可能触电。如果它同时接触两根电线，或者两只鸟分别站在两根电线上交喙的话，也一样会触电。

除了普通电线外，我们还发现鸟儿甚至可以在高压线上泰然地站着。这是因为鸟儿站在高压电线上时，两脚之间的距离很小，鸟儿两脚之间的电压很低，再加上鸟儿的爪上有一层绝缘的角质层，所以通过鸟儿身体的电流很小。

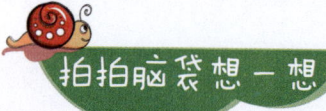

电器不使用时为什么要拔下插头？

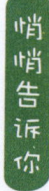

悄悄告诉你

不知道你有没有这样的习惯，用完电器之后都要拔下插头来？如果你养成了这样的习惯，那很好，你做得非常对。那么，你知道我们为什么要这么做吗？

原来，电器不使用时切断电源，便没有形成电流，没有实现能量的转换，不会耗电。

咦，现代科学好神奇

再说不拔插头对电器的影响。从定性上讲，这不该有什么影响，但在特殊的情况下，却会产生极大的危害。我们知道电器开关的金属片距离都很近，断开电路时只是切断了电源。如果遇到雷雨天气而雷电非常强大时，通常会使开关上距离很近的金属片发生尖端放电，使电路瞬间"开通"，在电器电路里形成强大的电流。当这个强大的电流超过了电器的额定电流，就很可能会造成电器的损坏。

所以，为了不造成经济损失，防止电器发生意外，最好是将不用电器的插头拔下。

手湿时摸电器为什么特别危险？

电器摸不得，尤其手湿时摸电器更是危险，或者是用湿布擦带电的电器也是很危险的。你知道这是怎么回事吗？

连接电器的电线一般有两条，一条是火线，一条是地线。只有两条电线都连接时，电流才能从电器中通过，电器才能开始工作。人的身体是电的导体，可以让电流通过。当电流从身体某部分通过时，比如从手通过时，手指尖的肌肉就会剧烈收缩，令人感到麻木不适。

如果一只手摸着火线，另一只手摸着自来水管，或者光着脚站在地上，那是十分危险的，因为这便等于同时接通了火线和地线。两条线都接通后，电流就会从人体通过。如果电流通过心脏的话，心脏就会骤停或出现别的毛病，人就会因心脏的问题而死亡。

经验表明，1毫安电流通过人体时，人会感觉麻木；电流不超过10毫安时，触电人自己可以摆脱电源，不至于造成事故；电流在20~25毫安时，人就会感觉剧疼，甚至神经麻痹，肌肉剧烈收缩，自己无法摆脱电源，有生命危险；如果电流达到100毫安时，人在很短时间里就会窒息死亡。

咦，现代科学好神奇

做电线用的材料是铜或铝，都是电的良导体，电流很容易通过。人体虽然是导体，电流也能通过，但导电的性能并不是很好。一般的水很容易导电，如果手沾上了水再摸电线的话，电流就特别容易通过，发生危险。

所以，湿手不能随便摸电器，也不能用湿布去擦带电的电器。如果非要擦的话，就要切断电源才行。

拍拍脑袋想一想

新旧电池为什么不能搭配使用？

悄悄告诉你

大家大概都用过手电筒吧？那你是否有过将新旧电池搭配使用的经历呢？或许你会认为，这样以新代旧会比较节约吧。如果你这么想，那可就大错特错了！

哦，新旧电池搭配使用为什么不行呀？

告诉你吧，电池本身也有电阻。将旧电池和新电池搭配起来用，旧电池的电阻实际上就成了电路中的一个负载，白白地消耗了新电池的能源，直到新旧电池的电压相等时，旧电池才能发挥"余光"。

所以说，旧电池缩短了新电池的使用寿命，不仅没有节约，反而是一种浪费。

电灯为什么会发光发热呢？

晚上，只要一拉开关，电灯就会把黑暗的室内照得像白天一样光亮。只要我们把手靠近灯泡，哇！还会感到灯泡是热乎乎的。那么，灯泡为什么会发光发热呢？

你仔细观察一下灯泡，就会发现灯泡里有一根细长的呈螺旋状的金属丝，它叫做钨丝。一般钨丝加热到100℃时就开始发光，但能耐受2300℃～2500℃的高热。在玻璃制成的电灯泡里，抽走空气，装入氮、氩等不活泼的气体，然后密封起来，这就成了电灯泡。

当电流从电线里流经灯丝（钨丝）里时，由于灯丝的电阻很大，就产生了高热，热到一定程度灯丝就发起光来。电灯泡就是"因热而发光"的，所以发光的电灯泡非常烫，千万不要用手去触摸，免得烫伤。

另外，灯泡选用金属钨做灯丝，就是因为它特别耐高温。如果选用别的金属，很可能还没到发光的程度，灯丝就已经熔化了呢。

咦，现代科学好神奇

灯泡里为什么充氮气和氩气等而不能充氧气呀？

人们之所以用氮气和氩气充灯泡，是因为氮气的化学性质十分稳定，氩气是惰性气体，不易受热膨胀，灯泡不易爆裂，这样就保护了灯泡和钨丝。

惰性气体又称稀有气体，包括氦（He）、氖（Ne）、氩（Ar）、氪（Kr）、氙（Xe）、氡（Rn），均为无色、无臭、气态的单原子分子，约占大气组成的0.94%。惰性气体中大部分是氩，其他气体成分很少，由于这些气体基本没有活性，因此被称为惰性气体。

悄悄告诉你

白炽灯工作时，灯丝处于高温白炽状态。当灯丝温度太高时，会引起钨丝蒸发过快而降低其使用寿命。而且蒸发后的钨会沉积在灯泡壳内壁上，使灯泡壳发黑，从而影响亮度。灯泡使用久了，就会出现这个问题。在灯泡壳内充以适量的惰性气体后，在一定压强下，钨丝的蒸发要比在真空中蒸发的速度大大减小。即在相同寿命的条件下，充气灯泡的灯丝工作温度可大于真空时的温度，从而提高了发光效率。所以，一般白炽灯泡中都会充以一定压强的氩气、氮气或氩氮混合气体，用来延长灯泡的使用寿命。因为化学性质不活泼，氮气常用作保护气，如焊接金属时常用氮作保护气体，而灯泡中充氮气也是这个道理。氩气是惰性气体，化学性质更不活泼。氩气的另一重要作用，就是在放电时能产生紫色辉光，大大地增强了灯泡的亮度。

一般的灯泡是由钨丝做灯丝的，其发光放热时温度很高，如果灯泡里进入了氧气，钨和氧气在高温条件下会迅速发生氧化反应，灯丝就会被烧断。所以灯泡中通常充入氮气、氩、氖等化学性质不活泼的气体，以延长灯泡的使用寿命。

咦，现代科学好神奇

为什么池塘里的人影是倒立的？

在池塘水十分清澈时站到池塘边，你就能从平静的水面上看到一幅美丽的图画，画中有白云、高山、周围的景物，还有你自己。再仔细一看，哦，这些景物竟是倒立的。

这究竟是怎么回事呢？

实际上，平静的池塘水面就相当于一面镜子。大家知道，镜子里呈现的影像，总是和镜子外面的物体是相对称的，物体离镜面远，它的像离镜面就远；物体离镜面近，它的像离镜面就近。如果用镜子照白云，你会发现镜子里面的白云就像天那样远。

所以，当你站在池塘边，脚离池塘水面近，头离池塘水面远时，影像也是脚离水面近，头离水面远。这样，池塘里你的像就是头朝下、脚朝上了。所以，你看到的池塘里的人影就是倒立着的了。

为什么哈哈镜会使人变形？

在哈哈镜陈列室或一些娱乐场所里，放着有趣的哈哈镜。小朋友站在哈哈镜前，会发现镜子里的自己可能又高又大；而当爸爸妈妈站在镜子前时，却发现镜子里的他们很可能变得又矮又小。还有的时候，镜子里的人会变得奇形怪状，十分好笑。

那么，哈哈镜为什么会使人变形呢？

原来，哈哈镜的镜面不是平整的，而是波浪形的。它有的地方凸起来，有的地方则是凹进去的。凸出来的是凸面镜，凸面镜照出的人像小；凹进去的是凹面镜，凹面镜照出的人像大。这样，人站在哈哈镜不同的位置前，就能照出千奇百怪的不同效果来。在同一面镜子前，人像正常的比例受到破坏，就会出现一个可笑的形象。

为什么放大镜能够把物体放大？

我们知道，用放大镜可以放大物体，使自己看得更加清楚。那么，放大镜怎么能够把物体放大呢？

放大镜是用玻璃制成的，镜片两边薄，中间厚；光线通过镜面的时候会发生折射，聚到一点上——我们把这一点叫焦点。用放大镜看东西时，如果我们的眼睛正好落在这个焦点上，从物体上发出的光线经过折射后进到眼睛里，眼睛就会以为光线是从远方直接射进来的，使我们觉得这个物体比原来大了许多。

使用放大镜观察物体的时候，应该先让镜面与物体保持平行，再慢慢调节放大镜与观察物体之间的距离，直到能将物体看得十分清楚。这时，我们的眼睛刚好落在放大镜的焦点上。

另外，要注意避免在阳光直射或强烈灯光下使用放大镜，使用的时间也不宜过久，一天内使用的次数也不宜过多。尤其是在使用放大镜时，千万不要用放大镜看太阳，以防放大镜把阳光聚集在一起，灼伤眼睛。

拍拍脑袋想一想

滑雪为什么要戴墨镜？

悄悄告诉你

不知道你有没有滑雪的体验。在滑雪的时候，大家都会戴上墨镜或变色镜。你可知道这是怎么回事吗？

原来，在滑雪场里，太阳光中的紫外线照射到雪面上后，会发生强烈的反射。雪地对日光的反射率极高，可达到将近95%，如果直视雪地如同直视阳光一样，就会使眼睛受到强烈刺激。眼睛如果较长时间接受这种反光刺激，3～8小时后有可能患上雪盲症，眼睛刺痛，十分不适，眼前出现白茫茫的一片。

所以，在雪地里最好要戴防紫外线标志的墨镜，防紫外线是太阳镜的首要功能，一些太阳镜的镜片或包装上都会有"100％防紫外线"、"UV400"等防紫外线的标志。如果人们不戴保护眼睛的墨镜或变色镜，强烈的紫外线射到眼睛时，可能会损坏视网膜。视网膜被损坏后，就有可能丧失视力。

所以说，去滑雪场一定要戴保护眼睛的墨镜。

你知道照镜子的学问吗？

你一定照过镜子吧？不过，你照镜子时发现过什么问题吗？

或许你会说，不就是照镜子吗，会有什么发现呢？如果你的回答是这样，那你在照镜子的时候不妨举起左手，看看镜子里的你举起的是左手还是右手？

哇！怎么看到的是右手呢？这是怎么回事呀？

要想得到这个问题的答案，我们必须先弄明白镜子的成像原理。

在你照镜子的时候，光线起着决定的作用。照镜子时，你自己身上的光线照射到镜子上的，再由镜面将光线反射出来，于是你就能看到镜子中的影像了。因为光线是直线传播的，所以你的右边所产生的光线发射到镜面就成了镜子中的左边啦，而左边就变成了镜子中的右边了。

所以，当你在镜子前面举起左手时，镜子里的影像举起的是右手。成像是左右对称的，简单来说便是，我们在平面镜看到的影像，与实物是大小相等、方向相反的。

为什么会产生影子？

小朋友，你有没有注意到，你的影子几乎天天都在伴陪着你。那你知道影子是怎么产生的吗？

我们知道光线是沿着直线传播的。当光线遇到不透明的物体时，它不会从旁边绕过后面去，因此物体背光的一面没有光线，变成比较黑暗的一片。人们把这块黑暗的地方叫做影子。

咦，现代科学好神奇

常识告诉我们，影子的大小和形状不是固定不变的。早晨上学时，你会拖着一条长长的身影；中午放学时，你的影子会变得很小；傍晚放学时，你的影子又会拉长了。可见，一天中人的影子是不一样的。这是由于一天中太阳在天空中的位置不断变化而造成的。

晚上在灯光下，影子也会随着你离光源远近和角度的不同而发生变化：离灯越远，影子越小；离灯越近，影子越大。并且，不同的光源也会形成不同的影子。

总之，影子的形成需要有两个条件，一是有光，二是有挡光的物体。

皮影戏也就是利用影子形成的原理发明的，用皮影当道具挡着光，光就透不过去，就产生了影子。而将道具移动时，影子也会随之移动，是不是十分有趣呀？

看来，影子也可以为我们的生活带来不少乐趣。

为什么吸尘器能吸尘？

吸尘器已成为一种十分常见的家用电器，用它清除地毯上沾有的灰尘等物质，既快速又方便。

吸尘器之所以能除尘，主要在于它的"头部"装有一个电动抽风机。抽风机的转轴上装有风叶轮。风叶轮转得很快，转速达 8 000 ～ 25 000 转每分钟，因而可以在吸尘器内部产生较大的真空状态，这就形成了内外的压力差。

如果你把手贴近吸尘器的进气口，就会感到一股很强的吸力，把你的手紧紧地"向里拉"。这种吸力就是由局部真空产生的。就是在这个很强的空气吸力的作用下，进气口附近的那些尘埃和脏物会一股脑地被吸嘴吸入，再经过导管进入吸尘器里。压力差越大，吸尘器的吸尘能力就越强。

那些被吸进的尘埃和脏物经过滤网过滤后，留在吸尘器的积尘桶里。吸尘桶内装有一个收集灰尘的盒子，尘垢便留在集尘盒里，盒子装满后，可取出用水刷洗清理。空气则通过过滤网，经过风叶组、电动机排出，这样就达到了除尘的目的。

还有，吸尘器配上不同的部件，可以完成不同的清洁工作。吸尘器配上地板刷可清洁地面，配上扁毛刷可清洁沙发面、床单、窗帘，配上小吸嘴可清除小角落的尘埃和一些家庭器具内的尘垢，使用起来十分方便。

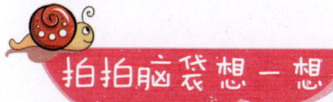

空气清新器与空气净化器有什么不同？

随着工业生产的发展，空气污染越来越严重。工业中的粉尘、有害气体的排放，家庭中空调的使用与人们吸烟，都不同程度地污染着我们周围的空气。随着人们对生存环境要求的提高，人们多么期盼家庭中有一个干净的小环境。

家庭空气清新器和空气净化器就是在这种需求下发明出来的。

空气清新器的作用，一般是通过活性炭、高压静电及集尘装置等多级除尘装置完成的。它通过清新器中的电动机驱动风叶，使室内空气产生流动循环，通过过滤达到清新空气的目的。另外，空气清新器是从粗到细清洁净化空气的，即空气首先通过过滤网过滤出空气中的烟尘及异味等气体，也有通过高压静电等复合除尘方式吸附微粒尘埃，最后通过负离子发生器产生负离子而使空气变得清新宜人，达到空气净化的效果。

空气净化器又是怎么回事呢？应该说明的是，它和空气清新器可是不同的。

空气净化器通常由高压产生的电路负离子发生器、微风扇、空气过滤器等系统组成。它的工作原理是：机器内的微风扇可以使室内空气循环流动，污染的空气通过机内的空气过滤器的两次过滤后，将各种污染物清除或吸附，然后经过装在出风口的负离子发生器进行工作，将空气不断电离，产生大量的负离子并且释放出来，再由微风扇吹送，形成负离子气流，达到清洁、净化空气的目的。

空气净化器具有滤去尘埃、消除异味及有害气体、双重灭菌、释放负离子等功能。

小朋友，如果你家里安装了空气净化器，记住要坚持保持室内空气流通，确保室内具有一定的新风流量，或者在室外空气好的时候打开窗户通通风，让室内的有害气体及时散出；还可以在室内养些合适花草吸收有毒气体，以降低室内有害物质的浓度。

你会科学地看电视吗？

小朋友都喜欢看电视吧，可你知道如何科学地看电视吗？

难道说看电视还有许多学问？那怎样才算科学地看电视？

首先，看电视的时间不能太长，长时间盯着电视屏幕对身体不利，也容易引起疲劳。

其次，电视机连续播放3小时后，需要关机10～20分钟，这是从保护电视机的角度来说的。因为长时间开机，电视机会发热，影响它的使用寿命。如果是从保护小朋友视力的角度来说，看电视的时间应不能超过半个小时。

再次，你可知道看电视要有一定的亮度？

晚上看电视，室内没有灯光，环境亮度太低，人的视觉范围内会产生过强的亮度差，引起视觉上的不适。根据视觉卫生的要求，视觉作业区与环境亮度差达到10∶1还是可以接受的，差值若更大就会对视力造成伤害了。这就是说看电视时室内要有一定的亮度才行，开一盏台灯或

落地灯就足够了。一般不要将灯和屏幕放在一起，避免出现两个发光点，影响观察效果。现在一些带装饰的灯，如浮动的铝片液体灯，光导纤维灯等，大多是为这一目的而设计的。

　　还有一点很重要，那就是看电视的距离，因为离电视机屏幕太近，对身体也不利，还容易损坏视力。那么，我们在看电视时，距电视机屏幕多远才好呀？

咦，现代科学好神奇

在看电视时，人与屏幕的距离为荧幕对角线的 6 倍比较合适，具体的尺寸是：23 厘米（9 英寸）为 1.4 米，30 厘米（12 英寸）为 1.9 米，36 厘米（14 英寸）为 2.2 米，41 厘米（16 英寸）为 2.5 米，46 厘米（18 英寸）为 2.8 米，51 厘米（20 英寸）为 3.1 米，56 厘米（22 英寸）为 3.4 米，离屏幕太远或太近都会影响视力。

拍拍脑袋想一想

吃饭时为什么不能看电视？

小朋友，你有没有一边吃饭一边看电视的习惯？如果有的话，这可不好，应该改掉这个不良习惯。那么，吃饭时为什么不能看电视？

首先，吃饭时看电视影响食欲。边吃边看电视，很香的饭菜也不知其味，久而久之，就会养成偏食、择食、厌食的习惯。

其次，吃饭时看电视影响食物的消化和吸收。食物的色、香、味，通过人的视觉、嗅觉、味觉传入大脑，大脑就会下令消化腺分泌消化液，来帮助消化吸收食物中的营养。吃饭时看电视，如果太投入，就会把注意力都倾注在屏幕上，消化液的分泌就会减少，从而影响食物的消化和吸收。

还有，吃饭时看到有关滑稽的节目，哈哈大笑或争论，可能会出现咬舌、嚼不细饭菜等问题，甚至出现被饭呛着的情况。

所以，边吃饭边看电视，久而久之，势必会影响生长发育，小朋友们要养成好习惯，不要一边吃饭一边看电视。

悄悄告诉你

B超为什么能诊断疾病?

你或许听说过"B超检查"吧?你可能会感到疑惑,B超有火眼金睛,所以能够看清疾病吗?

其实,B超虽没有火眼金睛,但胜似拥有火眼金睛。

B超,是B型超声诊断仪的简称,是一种将雷达原理与声学原理相结合的新诊断方法。超声波能够以纵波的方式和一定的速度在空气、水和固体介质中传导,当遇到障碍物时能够反射回来,并产生回声,它还可以被介质吸收和减弱。B型超声诊断仪就是利用了超声波的这一特点进行疾病诊断的。

诊断仪工作时,它会产生一种相应高频的机械振动,即超声,再由探测人体的探头定时发射短促的超声信号。由于人体正常组织的密度、声阻抗及吸收超声波的系数不尽相同,尤其当抗体组织发生炎症、积液、肿瘤、钙化和气体等时,从器官组织内部反射而来的回声也各不相同。探头可以将反射回来的超声信号转换成电信号,再经仪器转换成该组织器官的断面图像,即声像图,在诊断仪的屏幕上展现出来。医生根据声像图进行综合分析,就可以确定疾病的性质和部位。这就是B超的工作原理。

咦，现代科学好神奇

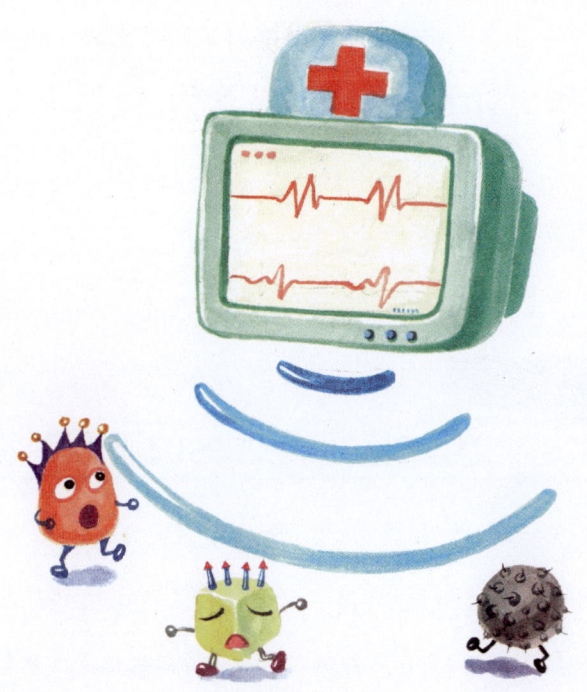

　　在临床应用方面，B超可以清晰地显示各脏器及周围器官的各种断面像，由于图像富于实体感，接近于解剖的真实情况，所以应用超声可以尽早诊断疾病。例如，眼科诊断疾病时，在玻璃体混浊的情况下，可显示视网膜及眼球壁的病变。

　　超声波检查对先天性心脏病、风湿性心脏病、黏液病很有帮助，可代替大部分心导管检查。它也可以用来测定小血管的通断、血流方向和速度。

科学原来如此

B超对妇产科的作用更大,解决了许多过去难以检出的疑难问题,既能对胎盘进行定位、测量羊水,又能对单胎、多胎、胎儿发育情况及是否畸形和葡萄胎等作出早期诊断。

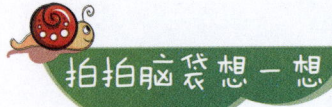

为什么要用75%的酒精消毒?

悄悄告诉你

小朋友们应该都打过针吧?在打针之前,医生都会用药棉先给你皮肤消毒,然后再打针。那你可知道,用来消毒的棉球用的酒精也很有学问。

一般情况下,医生用的是浓度为75%的酒精。酒精的浓度可以随便配置,医生怎么不用其他浓度的酒精,而是用浓度为75%的酒精消毒呢?

原来,用纯酒精消毒时,由于酒精的浓度很大,一下子就使细菌表面的蛋白质凝固了,结果就在细菌的表面形成了一层硬膜,阻止了酒精的进一步渗入,不能杀死细菌;但如果酒精浓度太稀,又不能很好地杀死细菌。

实践证明,医药上用浓度为75%的酒精杀菌十分有效,它有很强的渗透能力,能够钻到细菌体内,使蛋白质凝固变性,将细菌杀死。

温度计是怎样表示温度的升与降的？

小朋友都接触过温度计，你知道温度计为什么能表示温度的升高或降低呢？

一般物体都有热胀冷缩的性质。液体温度计是根据液体热胀冷缩的性质制成的。这就是说，酒精和水银的体积都会随着温度的变化而出现比较明显的变化。

当温度升高时，玻璃管中装的酒精（红色）或水银（银色）的体积就会膨胀上升；当温度降低时，酒精或水银的体积就会收缩下降。玻璃管上按照液体上升高度与温度变化的关系刻上刻度。这样，我们通过温度计上的刻度，就知道温度是多少了。

另外，观察温度计也很有学问。正确的观察方法是，让眼睛与温度计里面的液体上端平齐，这样读出来的数据才正确。如果是三棱镜的体温计，只有把数字和刻度之间的棱刚好对准眼睛，这时看到的水银柱才最清楚。

不过，大家在使用体温计的时候，要先拿着体温计的顶端用力甩一甩，使指示值在刻度的下方，这样才能量出准确体温值。

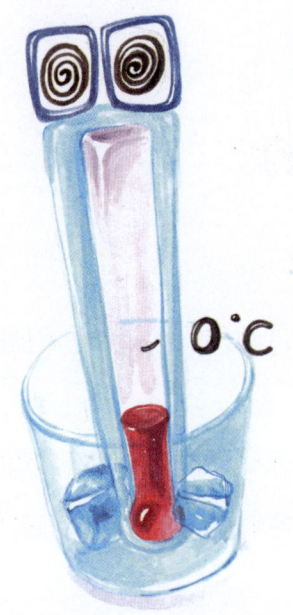

　　人们为了预防体温计受环境温度的影响,在离开人体后刻度会下降或升高,便在制作中加了一点"手脚"。设计者将体温计的下端和刻度之间,设计成一段十分细小的管径。当我们把体温计夹在腋窝下时,温度便会上升,体温计里的水银随之受热膨胀,它们会"强行"越过那段狭窄的地方。当体温计从腋窝下被拿出来时,温度就会降低,那段狭窄的地方就会变得更细小,把水银给"卡"住了。这样,水银就不会随着环境温度的变化而上升或下降了,也就能把体温值记录下来,可以让我们看个仔细明白了。

拍拍脑袋想一想

你会用体温计测量体温吗？

冬季寒气逼人，小朋友很容易感冒、发烧。这时候，家长们一般就会用温度计给孩子量一量，检测一下体温是不是升高了。小朋友，你会自己用体温计测量体温吗？

我们选择的体温计不同，那么测量部位也会不同，还需要把握好相应的测量时间，否则就很可能影响测量结果的准确性。

首先，测量不同部位要用不同的体温计。体温计的种类比较多，如水银体温计、电子体温计、奶嘴式体温计和耳蜗式体温计，还有能快捷测量温度的额头测温计等。

并且，测量的部位不同，测量的时间也要不一样，而且不同部位的正常体温也不同。口腔测温需要5～7分钟，正常体温范围是36.3℃～37.2℃；腋下测温需要10分钟，正常体温范围是36℃～37℃；肛门（直肠）测温需要3～4分钟，正常的体温范围是36.5℃～37.7℃。

值得一提的是，如果体温达到38℃，应立即采取正确降温措施或及时就医。

悄悄告诉你

水银温度计和酒精温度计有什么区别？

小朋友，你一定接触过温度计吧。那你可知道水银温度计和酒精温度计之间有什么区别吗？

首先，水银温度计与酒精温度计有着最明显的区别，那就是水银温度计不能测低温，而酒精温度计可以测低温！

一般来说，在1个标准大气压下，酒精温度计所能测量的最高温度一般为78℃。因为在1个标准大气压下，酒精的沸点是78℃。但是温度计内的压强一般都高于1标准大气压，所以有一些酒精温度计的量程大于78℃。在北方寒冷的季节里，人们通常会使用酒精温度计来测量温度，这是因为水银的凝固点为-39℃，在寒冷地区可能会因为气温太低而使水银凝固，胀碎玻璃管，这时使用水银温度计就无法进行正常的温度测量。而酒精的凝固点是-114℃，自然界中这样的低温还不曾出现过呢，不必担心低温"下限"的问题。

咦，现代科学好神奇

其次，由于酒精的安全性比水银好，其78℃的测温上限和-114℃的测温下限完全能满足测量体温和气温的要求。但由于酒精温度计的误差比水银温度计大，因此在量体温等要求比较精确的场合时，人们主要还是使用水银温度计。

不慎将水银温度计摔碎了怎么办？

我们用的体温计一般都是水银温度计。在使用过程中，如果不慎将温度计甩落到地上，摔碎了，该怎么办呢？

水银洒到地上，可不是小事情。首先，水银有毒，水银蒸汽毒性很大，如果吸进肺里会伤害身体！其次，水银是液体的，洒到地上会四处滚动，很不好收拾。

可一旦水银已经洒到地上，我们就必须立即想办法应付。这时，我们应该及时关闭通风系统，把周围的加热装置都关掉，能降温最好，免得水银变成蒸气，被吸入肺部。所以，处理散落在地的水银时最好戴上口罩。怎么处理落地的水银呢？

如果是在家里面，我们可以马上戴上手套，用蛋清覆盖地上的水银，避免水银挥发到墙壁、家具上，最好是在上面撒些硫磺粉末，硫能和汞反应能生成不易溶于水的硫化汞，将危害大大降低。如果伤口碰到水银，则应到医院中毒防治科进行检查。

落地水银的收集处理方法是，用湿润的小棉棒或胶带纸将洒落在地面上的水银珠粘集起来，放进可以封口的小瓶，如饮料瓶等塑料瓶中，并在瓶中加入少量水，瓶上写明"废弃水银"等标志性文字，交给相关单位或送到环保部门进行专门处理。

千万不要把收集起来的水银倒入下水道，以免污染地下水源。如果水银渗入地下水，人们饮用了含有重金属的水，就会危害到身体健康。

保温瓶为什么可以保温？

小朋友应该都接触过或使用过保温瓶。面对保温瓶里面很热的水，你是不是会感到好奇，保温瓶怎么会保温呢？

科学常识告诉我们，热的传递方式有三种，热的传导、对流和辐射。热沿着物体，从温度高的部分传到温度低的部分，这种传递热的方式叫做传导。液体或空气受热后发生流动，这种靠流动传递热的方式叫"对流"。热还可以不依靠任何物质直接向周围"发射"，这种传递热的方式叫做辐射。热辐射不需要依靠任何物质，即在真空里也能进行，如太阳的热就是通过辐射的方式传到地球上来的。

保温瓶的里面有一个由双层玻璃制成的瓶胆，两层玻璃之间被抽成真空，没有空气，就会阻挡热通过传导、对流的方式散发热量。两层玻璃都镀上了水银层，内壁的水银就好像镜子一样，能把热反射回去，又断绝了热辐射的"后路"；外壁的水银能够把外面的辐射热反射回去，这样，保温瓶的里面和外面的热就不能互相传递了。

  在保温瓶里装上热水，热再有能耐也跑不出去，只好老老实实待在里面，所以水会凉得很慢。同样的道理，外面的热也不容易进到保温瓶里去。因此，用保温瓶装冰淇淋也很好，长时间也不会融化。

  值得说明的一点是，早期在保温瓶内壁和外壁镀上水银的生产过程中，往往有硝酸银的废液产生，会污染环境，所以现在多改用比较环保的镀铜、铜箔或铝箔等方式生产保温瓶了。

咦，现代科学好神奇

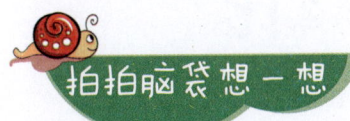

为什么不能碰掉保温瓶上的"小尾巴"？

不知大家注意过没有，在保温瓶内部的保温瓶胆下面有一个小尾巴——很小的玻璃尖嘴。你可知道，这个小结构可是保温瓶的"命根子"，万万碰不得。为什么这么说呢？

实际上，要是碰坏了这个小尾巴，保温瓶就不保温了。这不就是要了保温瓶的"命"吗？想想看，如果保温瓶都不保温了，还叫什么保温瓶？

保温瓶是用双层玻璃做成的，玻璃本身不善于传热，是热的不良导体。人们在制造保温瓶胆的时候，又用抽气机把双层玻璃夹层里的空气抽走了，再把抽气嘴封好。那个"小尾巴"就是封好的抽气嘴。

要是把保温瓶的"小尾巴"碰坏，外边的空气就会钻到玻璃夹层里来。夹层里的空气也会通过对流，把保温瓶里边的热带走。这样，保温瓶就不保温了。

悄悄告诉你

新棉被为什么比旧棉被暖和？

小朋友可能有这样的感觉：新棉被比旧棉被盖着暖和些。这是怎么回事呢？

棉被是由棉花做成的，而棉花纤维里有许多小孔，里面充满着不流动的空气，空气不容易传热，棉被里面的热量就不容易传出去。所以冬天在被窝里躺久了，会感觉很暖和。

咦，现代科学好神奇

如果棉被使用的时间长了，棉花会吸走你身上的汗，也吸走周围空气中的水分，棉被会变潮。棉花受潮后，纤维中的小孔变小，里面的空气也更少，隔热保温的能力下降。所以，旧棉被就不如新棉被那般暖和了。

你知道怎么让潮湿的被子变暖和吗？

将被子放在太阳下晒一晒，这样，棉花里的空气会受热膨胀，纤维中的小孔会被撑大，水汽也被蒸发掉了，从而保持被子的蓬松，盖着又会暖和起来。在太阳光下晒被子，不仅可以杀菌，而且还可以消除异味。晴天晒被子，最佳的时间是上午11时到下午2时30分。

冬天穿上棉衣为什么暖和？

天寒地冻的冬季，只要穿上棉衣，身上就会觉得暖和多了。这是为什么呢？是不是棉衣能产生热量呢？当然不是。那穿棉衣为什么会令人感到暖和呢？

冬季穿上棉衣会感到暖和，是因为棉衣能够起到保温作用。它既可以阻止身体已有的热散发出去，又可以阻挡外面的冷空气进入。

棉衣里一般填衬着棉花、丝棉、羊毛绒或鸭绒等物质。这些东西蓬蓬松松的，有无数的小孔洞，中间藏着许多空气，可以阻止空气任意流动。当我们穿上棉衣的时候，在身体的外边就有了一层相当厚的空气，又因为棉花和空气传导热量的能力很差，人体通过棉衣向外散失热量就很慢，所以棉衣就能够御寒。

新棉衣很松软，比旧的洗过的棉衣包含有更多的空气，所以穿起来更暖和。

冬天里为什么摸铁特别凉，摸木头不凉呢？

看了这个题目，你或许会觉得这没有什么可以值得大惊小怪的，认为这不过是因为铁的温度比木头的温度低造成的。告诉你吧，如果你这样想，那就错了。

那么事情的真相到底是怎样的呢？

冬天，暴露在外面的铁和木头的温度其实是一样的。当我们触摸它们的时候，由于它们比人体的温度低，因此，我们手上的热量就很快被传递了出去。不过，铁的热传递的本领要比木头强得多，在相同时间里，人摸铁时散发的热量要比摸木头时的多，所以人们才会产生错觉，觉得铁的温度低于木头的温度。

夏天，长期暴露在高温下的铁和木头，我们会感觉铁比木头热得多。

这是因为铁和木头的温度比人体的温度高，相同时间内，由铁向人体传递的热量多，所以我们就感觉铁比木头热得多。

实际上，这里涉及到热的良导体和热的不良导体。善于传热的物体叫做热的良导体，不善于传热的物体叫做热的不良导体。银、铜、铝是热的良导体，瓷、纸、木头、玻璃、皮革都是热的不良导体，羊毛、羽毛、毛皮、棉花、石棉、软木和其他松软的物质则是最不善于传热的导体。除了水银以外，所有的液体都不善于传热，而气体比液体更不善于传热。

感受物体的冷与热，是我们常遇到的自然现象。只要我们善于观察，就会发现许多有价值的问题。

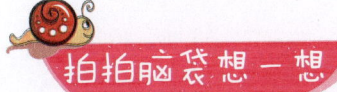

夏天雪糕为什么会冒"白气"？

夏天天气炎热，不少小朋友喜欢吃雪糕来解暑。当你从冰箱里拿出雪糕来吃时，一定会发现雪糕还冒着"白气"。这"白气"到底是怎么回事呀？它是从哪儿来的呢？

夏天，刚从冰箱里拿出来的雪糕温度低于0℃，要从周围吸收热量，从而使周围空气的温度降低，这部分空气中的水蒸气因受冷而凝结成小水珠，这许许多多的小水珠，随着空气在流动，所以雪糕周围看起来就有许多"白气"。

那空气中哪来那么多的水蒸气呀？其实，这些水蒸气来自大自然中的水，包括江水、河水、湖水和海水等。这些水不断蒸发，变成水蒸气，在空中四处飘荡。也可以说，在我们生存的空间里，水蒸气无处不在。可由于水蒸气是无色透明的，所以我们平常都看不到它。

悄悄告诉你

铁为什么容易生锈？

小朋友或许观察过你家的铁质用具，这些工具每用一段时间就会生锈。那你可知道铁为什么会生锈呀？

铁确实容易生锈。每年世界上有几千万吨的钢铁变成了铁锈，造成了巨大的浪费。

铁容易生锈，与它自身的化学性质活泼有关。铁是一种较为活泼的金属，也就是说，它很容易与其他物质发生化学反应，产生铁锈。同时，铁的生锈与外界条件也有十分密切的关系。

大家只要细心观察就会发现，露在外面的铁质自来水管，经常接触到水的部分容易生锈，没有接触到水，很干燥的部分则不容易生锈。这是不是说明，水分能诱发铁生锈？

化学家们通过实验证实，在绝对无水的空气中，铁放上几年也不生锈。不过，水只是铁生锈的条件之一，因为光有水也不能让铁生锈。人们曾经做过实验，把一块铁放在煮沸过的、密闭的蒸馏水瓶里，铁也没有生锈。

铁在煮沸的水中怎么就不生锈了呢？这是因为在煮沸的水中没有了氧气，这样铁就没办法氧化，生成令人烦恼的铁锈了。

总而言之,当水和氧气"联姻",共同来对付铁时,铁就没了"还手"之力,想不生锈都难。

具体说来,只有当空气中的氧气溶解在水里,而铁又沾上了这些水时,才会生锈。在靠近水面的部分,铁与空气距离最近,水中所溶解的氧气也最多,所以置身于水中的这部分铁更容易生锈。

另外,空气中的二氧化碳溶在水里,形成酸性溶液,也能使铁生锈。

铁锈的成分很复杂,简单说来,铁锈的主要成分是三氧化二铁,是红棕色的。但是,我们平时看到的铁锈却是黄褐色的,这是因为其中混有其他杂质。

防止钢铁生锈的方法有哪些?

钢铁生锈不是小问题,会给人类造成极大的危害。每年因金属锈蚀而报废的钢铁设备和材料,相当于钢铁产量的30%左右,其中有三分之二可以回收利用,也就说全世界现在的钢铁材料和设备有10%左右的报废率。我国每年因金属锈蚀造成的损失可达千亿元以上。金属

锈蚀造成设备制造、维修与保护的费用增加。设备和管道的泄漏会引起产品污染，造成局部甚至全局性停产，发生燃烧与爆炸等事故，所带来的损失和危害更加惊人，有的无法估测。

可见，钢铁锈蚀会给人类带来极大的损失。面对这种情况，人类也在千方百计地想办法来对付钢铁的锈蚀，寻找防止铁生锈的方法，目前，主要有以下几种方法，最常见的是改变钢铁的组成结构或在表面上"加上"一层保护膜。

改变钢铁的组成结构，一般是指组成合金，以改变钢铁内部的组织结构。例如把铬、镍等金属加入普通钢里制成不锈钢，就大大地增加了钢铁制品的抗生锈能力。

在铁制品表面覆盖保护层是防止铁制品生锈普遍而重要的方法。根据保护层的成分不同，可分为以下几种：

在铁制品表面涂矿物油、油漆或烧制搪瓷、喷塑等，如在车厢、水桶上常涂油漆；机器常涂矿物油等，隔绝外界空气的入侵。

在钢铁表面用电镀、热镀等方法镀上一层不易生锈的金属，如锌、锡、铬、镍等，这些金属表面都能形成一层致密的氧化物薄膜，从而防止铁制品和水、空气等物质接触而生锈。

用化学方法使铁制品表面生成一层致密而稳定的氧化膜以防止铁制品生锈，也是防止铁生锈的有效方法。

还有，保持铁制品表面的洁净和干燥也是防止铁制品生锈的一种很好方法。

不锈钢为什么不生锈？

小朋友，你家里一定有不锈钢用具吧？不知道你观察过没有，不锈钢用具始终光亮如新，不会生锈，这也是人们喜欢使用不锈钢用具的原因之一。你可能感到好奇，钢铁容易生锈，可不锈钢为什么不生锈？这是怎么回事呢？

大多数的金属都喜欢和大气中的氧气进行反应，在表面形成氧化膜。不幸的是，在普通碳钢上形成的氧化铁继续进行氧化，使锈蚀不断扩大，最终形成孔洞。我们可以利用油漆或耐氧化的金属（例如锌、镍、铬）进行电镀来保证碳钢表面不生锈。但是，正如人们所知道的那样，这种保护仅仅是一种薄膜。如果保护层被破坏，保护层下面的钢又会继续开始锈蚀。

科学家发现，如果在金属中添加适量的铬，就会改变金属的结构和性能。当钢中铬的添加量达到12%时，钢的耐大气腐蚀性能显著增加，但当铬含量再继续增高时，虽然钢铁的耐腐蚀性可以提高，却已经不明显了。

多数不锈钢含铬量一般不低于 12%，高的甚至达到 18%。钢中加入铬等元素后，结构会发生改变，如钢的分子结构会更均匀，从而改变钢的性能，使其表面更易生成一层致密的氧化物保护膜，从而大大提高不锈钢耐腐蚀的能力。所以不锈钢能抵抗火、水、酸、碱和各种溶液对它的腐蚀，不生锈。科学家发现，钢的内部结构越均匀，各种组成成分就联系得越紧密，腐蚀物想要入侵也就越困难，再加上它的表面又附着一层氧化物保护膜，就像穿上了一件盔甲一样，自然就不容易生锈了。

不锈钢中铬含量约为 10.5％～18％，镍含量约为 8％～11％，这两种金属元素在腐蚀介质中具有高的抗腐蚀能力，所以不锈钢一般不发生氧化反应，也就是说，它不会生锈。

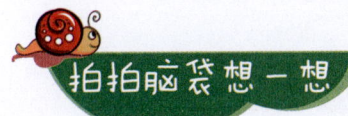

金属也会疲劳吗？

人们工作久了会感到疲劳，那金属工作久了是不是也会疲劳？

是的，金属也会疲劳。坚硬的金属怎么会疲劳呢？这也太不可思议了吧。

实际上，金属会产生疲劳也不难理解。比如，我们很难用双手拉断一根细铁丝，但如果我们将铁丝来回反复拧折，它就会很容易被折断。这种现象说明，像钢铁这样的金属，在反复变化的外力的作用下，它的强度要比在不变的外力作用下小得多。科学家把这种现象叫做金属疲劳。

一个机械零部件或结构件，如飞机、汽车、拖拉机以至桥梁的某一机件或构件，只要反复承受一定变动的力，就会在金属表面——特别是尖角、孔洞等应力集中点，首先产生一个微小裂纹。如果这个外力继续

反复作用，微小的裂纹便会逐渐不断扩展，由小变大，达到一定程度时，机件或构件会就突然断裂，发生事故。

在日常生活中，金属疲劳会带来危险。正在公路上行驶的自行车如果突然前叉折断，可能会造成车翻人伤的事故。还有，炒菜时铁铲突然断裂，挖地时铁锹突然折断，所有这一切都是金属疲劳造成的。

事物都是一分为二的。金属疲劳所产生的裂纹虽然会给人类带来难以估计的灾难，但也有一种妙用。人们利用金属疲劳的特性制造的应力断裂机已经诞生，它可以利用这一特征对各种性能的金属和非金属在某一切口处进行加工。这个过程只需要1～2秒，而且，越是难以切削的材料，越容易通过这种加工来满足人们的需要。

鞭炮为什么会"噼噼啪啪"地响？

爆竹是中国的特产。爆竹也叫炮仗，有单响的，双响的，各式各样。那短促的劈啪一响，是小鞭炮在燃放；而那"嘭——啪"之声，是双响爆竹在歌唱。逢年过节或喜庆的日子里，人们要燃放鞭炮，以增添节日喜庆的气氛。

爆竹为什么会响呢？

鞭炮的最外头是一层红纸，那是装饰用的；再往里是一层厚厚的草纸；最里面则包着一些黑色的粉末——黑色火药。黑色火药的主要成分是木炭、硫磺与硝酸钾，它们是按照一定比例混合而成的。用火柴点燃鞭炮的引线以后，药线就会把里面的黑色火药给烧着，瞬间，鞭炮里便会发生剧烈的化学反应：木炭、硫磺与硝酸钾相互作用，放出大量的热，还生成大量的气体——二氧化硫、二氧化碳等。气体的体积急剧膨胀，可增至原来鞭炮内空间的1000多倍。在这极短的时间内，气体快速膨胀，外面厚厚的纸层被撑破，鞭炮就会"啪"的一声炸响了。

燃放鞭炮能增添喜庆的气氛，可它的危害也不小。它会产生噪声，放出刺激性气体污染环境，甚至引起火灾、炸伤行人。为此，目前我国不少大城市都制定了在一定范围内禁止燃放鞭炮的法规。

焰火为什么是五彩缤纷的？

燃放礼花、焰火是各种节日及重大庆典活动的保留节目，礼花、焰火在一声巨响之后，化为一团团火球升上高空，会像流星雨一般向四周散落出五彩缤纷的火花，把整个夜空装扮成一个火树银花的不夜世界。这是怎么回事呀？

原来，焰火里面加了极为普通的化学药品——金属盐类。许多金属盐类在高温下，能够燃烧放射出各种色彩的光芒来。比方说，硝酸钠、草酸钠燃烧时呈黄色，硝酸钡燃烧时呈绿色，硝酸锶、碳酸锶燃烧时呈红色，铝粉和铝镁合金会射出白光，碳酸铜和硫酸铜会发出蓝色，硝酸锶和硝酸钠按一定比例混合燃烧时呈橘红色等。这种现象在化学上叫焰色反应。人们把这些药品事先按不同顺序放在礼花弹、焰火里，就会使放出的焰火变得五彩缤纷了。

你知道在节日里放焰火应该注意什么事项吗？

燃放烟花爆竹时，要远离人群；不要在仓库、油库、车库、高压线下、煤气站和物资集中的易燃易爆场所燃放，避免引发事故；不要在乡村的柴草垛附近燃放鞭炮，一旦失火会造成火烧连营；不要在楼房的窗口、阳台上燃放鞭炮，防止落下伤人或引燃楼下杂物；更不要在室内燃放，以免引燃室内可燃物品，酿成火灾。

小孩燃放鞭炮时应在大人看管指导下进行，不允许自行拆改烟花爆竹，免得发生事故。

臭豆腐为什么闻着臭吃着香？

吃过臭豆腐的人都知道，臭豆腐闻着臭，吃着香。可你知道这是怎么回事吗？

臭豆腐是豆腐经过发酵、腌制而成的。这里，我们有必要知道臭豆腐的主要制作过程。

臭豆腐在制作过程中，涉及到豆腐中蛋白质的分解过程，一些物质的变化等。

实际上，臭豆腐的"臭"不是由卤水配料带来的，而是豆腐中的蛋白质在发酵过程中分解形成的。豆腐中的硫氨基酸会水解生成具有臭鸡蛋气味的硫化氢，这就是臭豆腐"闻着臭"的原因。

臭豆腐在发酵的过程中还会产生一种具有味精味的物质——氨基酸，而氨基酸又具有鲜美的滋味，所以臭豆腐"吃着香"。

值得一提的是，臭豆腐的营养还很丰富呢。据测定，每两块臭豆腐中所含的蛋白质相当于一个鸡蛋中蛋白质的含量。大家都知道，鸡蛋的蛋白质含量比较高，用它做比较，便可知臭豆腐的蛋白质含量有多丰富了。所以，吃臭豆腐会增加人体对蛋白质的摄入。

另外，臭豆腐又是经过微生物发酵制成的，生成了氨基酸，其营养成分更容易被人体消化和吸收。

咦，现代科学好神奇

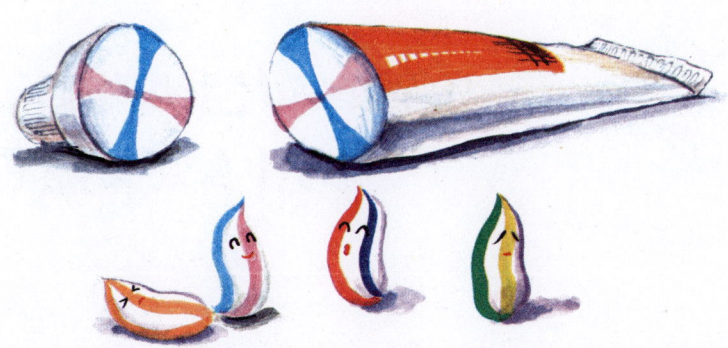

彩条牙膏是怎么制造的？

小朋友，你在刷牙的时候，用过彩条牙膏吗？彩条牙膏看起来很漂亮，可你知道彩条牙膏是怎么制造的吗？

你只要仔细观察一下彩条牙膏，就会发现其牙膏嘴不是一个简单的开口，它后面连着一根短管，短管上有一些小孔。小孔的数量当然是与牙膏彩条的数量相同啦。

彩条牙膏在出厂时，各种颜色的膏体已经在管内以事先设计的位置排列好。不同颜色的膏体之间，有薄膜将其分开，薄膜可以避免各种颜色在挤压之下被混合，因此彩条牙膏在挤压后仍能保持原有颜色分布，形成漂亮的彩条。

不同品牌的彩条牙膏在颜色、不同颜色所占比例、彩条形状上可能有不同的设计，但其原理都大同小异。

悄悄告诉你

刀片放在火上烘烤后为什么会变蓝色？

刀片沾上水后，在火上一烤——哇！你会发现刀片竟变成蓝色的了。这是怎么回事呢？

这其实是铁和水玩的把戏！

将小刀烘烤，是将小刀处在高温下，铁会与水发生化学反应，在小刀的表面上生成一层四氧化三铁薄膜。在阳光的照射下，这层薄膜会泛出铮亮的蓝光，在四氧化三铁薄膜的保护下，铁制品的抗腐蚀能力会大大提高。

在工厂里为了防止铁制品生锈，往往把铁制品的表面制成一层薄薄的四氧化三铁膜，以此来保护铁制品。为了防止钢铁制品生锈，工人师傅会特意将钢铁制品的表面抛光后，浸入氢氧化钠与硝酸钠或亚硝酸钠的混合溶液中，在高温下使它们按照人们的意愿发生一系列的化学反应。经过几十分钟的处理之后，钢铁制品的表面就会生成一层均匀致密的四氧化三铁蓝色薄膜。随后将它们投入冷水中，再用热皂油处理几分钟，四氧化三铁防腐薄膜就能牢牢地附在金属制品的表面，对里面的金属起保护作用，这种工艺被称为烤蓝。

咦，现代科学好神奇

所谓的烤蓝，其实是用化学药品在高温下将金属表面氧化为氧化物，形成比较能抗锈蚀的保护层，达到保护目的。根据金属材质的不同（碳钢、不锈钢、铝合金）、化学药品的不同、施工程序的不同（比如温度控制、事前喷沙处理等处理），产生的颜色也会不同，最普遍的是非常接近黑色的深蓝黑色。

荧光棒为什么会发光？

小朋友，你使用过荧光棒吗？

荧光棒是广泛的发光品，无毒、无害，可用在各种大小型演唱会、宴会、节日晚会上使用，还可作为军需照明、海上救生、夜间标志信号、玩具、装饰、钓鱼专用灯源，十分受欢迎。

荧光棒中的化学物质主要有三种：过氧化物、酯类化合物和荧光染料。荧光棒发光的原理，简单说来是通过氧化物和酯类化合物发生相关的反应，将产生的能量传递给荧光染料，再由染料发出荧光。

目前市场上常见的荧光棒，外层以聚乙烯（塑料）包装，中间通常放置了一个玻璃管夹层，夹层内外隔离了过氧化物和酯类化合物，经弯折、击打、揉搓等使玻璃破裂，让两种液体充分混合，以达到最佳发光效果。荧光棒的发光时间目前可达到4～48小时。

使用荧光棒的时候需要注意：荧光棒中的液体不可食用，且具有一定的黏附性。严禁用刀或剪刀弄破荧光棒的塑料管，严禁扭曲荧光棒，以防荧光棒中的液体泄漏，影响健康。

用扇子扇蜡烛和炉火为什么会有两种结果？

小朋友，你有没有发现这种现象，用扇子扇燃烧的蜡烛，蜡烛会熄灭；用扇子扇炉火，火却会越扇越旺。这是怎么回事呢？

原来，用扇子扇风会产生两种作用，一种是补充氧气，有助于燃烧；另一种是减低温度，不利燃烧。对于用扇子扇蜡烛和扇炉火这两种情况，就要看哪种作用效果比较明显啦。

蜡烛火焰小，热量少，扇子一扇，冷空气把热量赶走了，烛火温度突然下降到它的燃点以下，蜡烛立即就灭了，扇子送来再多氧气也是没有用的。

炉火热量大，温度高，远远超过了煤炭的燃点。所以用扇子给它扇风，虽然同时也送来了冷空气，赶走了一些热量，但这对炉火来说是微不足道的，而扇子送来的氧气，却极大地帮助了炉火的燃烧。

有时候，我们吹燃烧的蜡烛，能将它吹灭，是因为人吹出的是二氧化碳，它能使蜡烛与空气（空气中的氧气）隔绝。缺少了助燃剂，蜡烛当然无法燃烧了。

物质燃烧必须具备以下三个基本条件：

可燃物:不论固体、液体还是气体,凡能与空气中的氧气或其他氧化剂起剧烈反应的物质,一般都是可燃物质,木材、纸张、汽油、酒精、煤气等都是可燃物。

助燃物:能帮助和支持燃烧的物质叫助燃物,一般指氧和氧化剂,主要是指空气中的氧气。这种氧被称为空气的游离氧,在空气中约占 21%。可燃物质没有氧参加是不会燃烧的。如燃烧 1 千克石油就需要 10 ~ 12 立方米空气,燃烧 1 千米木材就需要 4 ~ 5 立方米空气。当空气供应不足时,燃烧会逐渐减弱,直至熄灭。当空气的含氧量低于 14% ~ 18% 时,燃烧就不会发生。

火源:凡能引起可燃物质燃烧的能源都叫火源,明火、摩擦、冲击、电火花等,都可以产生火源。

只有具备以上三个条件,物质才能燃烧。例如生火炉,只有具备了木材(可燃物)、空气(助燃物)、火柴(火源)三个条件,才能使炉火燃起来,并越烧越旺。

咦，现代科学好神奇

太阳能热水器为什么能使水变热？

太阳能热水器给人们带来了方便，但你或许会感到奇怪，太阳能热水器里的水怎么会变热呀？

太阳能热水器是一个光热转换器。真空管是太阳能热水器的核心，它的结构如同一个拉长的暖瓶胆，内、外层之间为真空，没有空气。它的内玻璃管表面上利用特种工艺涂有光谱选择性吸收涂层，用来最大限度地吸收太阳辐射能。

当阳光照射到光热转换器时，光子撞击涂层，太阳能转化成热能，水从涂层外吸热，水温升高，密度减小，热水向上运动，始终处于上部，也就是水箱中，而密度大的冷水则会下沉。

太阳能热水器中热水的升温情况与外界温度关系不大，主要取决于光照。光照强度大，温度就会升高。当打开厨房或洗浴间的太阳能水龙头开关时，热水器内的热水便依靠自然落差流出，落差越大，水压越高。

有不怕火烧的衣服吗？

中国有这样一句俗话，说是"真金不怕火炼"。金子不怕火炼很容易理解，可你知道吗，有些衣服也不怕火炼。

这是真的吗？世界上竟还有这样的衣服，真让人感到不可思议。

其实，炼铁工人穿的衣服就不怕火烧。这样的衣服是用石棉做的。

石棉是一种矿物，由钙、镁、铁等硅酸盐类制成的，像棉花一样可以用于纺织，由其织成的布不但不怕火烧，某些污渍反而可以被火烧掉，所以石棉布也叫"火浣布"——"浣"就是洗的意思。

用石棉做的衣服跟帆布衣服十分相似，看不出有什么不同，可其实它的耐热能力在1000℃以上，所以用石棉做成的衣服不怕火烧。

咦，现代科学好神奇

拍拍脑袋想一想

你了解石棉吗？

悄悄告诉你

石棉与棉花长得很像，与棉花相比，它的纤维更粗，更短些，没有棉花那么结实。但从化学成分来看，石棉与棉花却大相径庭。石棉是矿石，阻燃，耐热；棉花含有纤维素，是有机物，容易燃烧。

硅酸盐一般都是比较耐高温的材料，不怕火烧，炼铁工人、炼钢工人、消防队员常常穿着石棉衣服。乍看上去，石棉衣服很像普通的白帆布衣服，但棉花在400℃以上就会变焦、发黑，而石棉在1000℃也能耐得住。所以，人们才用它来制成耐火衣服。工业上常常用石棉来制造许多耐火材料。

自然界中有很多天然的石棉矿，人们很早就与石棉打交道了，利用石棉制造防火衣、防火手套等。如今，石棉又有了新的用途，它成了建筑材料家族中的一员——石棉水泥。

我们知道钢筋耐拉，但石棉耐拉的本领比钢筋还要大。据测定，一束没有折损过的石棉，它每平方厘米可以受得了约30000千克的拉力！所以人们用石棉代替钢筋，将石棉与水泥"联姻"制成了石棉水泥。

石棉水泥很有个性，又耐压又结实，而且有一定的弹性。这方面的应用比较广，如用石棉水泥可以制造瓦片、顶篷、厂房房顶、火车站的防雨棚等。而且，石棉水泥板的绝缘、耐高温本领都很好。工厂里常常用石棉水泥板来与电流、高温作战，驯服它们，让它们为人类服务。

为什么洗衣机能洗干净衣服？

洗衣服是个非常麻烦的活。手搓、棒击、冲刷、绞干……要想把脏东西从衣服上"拽"下来，还真不那么容易。不过，洗衣机可帮我们解决烦恼。将衣服放到洗衣机里，不一会儿衣服就洗干净了，这是怎么回事呀？

现在市场上的洗衣机种类比较多，有高波轮式洗衣机、凹波轮洗衣机、滚筒式洗衣机以及无波轮洗衣机等。不同种类的洗衣机，其洗衣原理也不同。

高波轮式洗衣机，它的底部有一个圆盘波轮，圆盘上一般有4条凸出的波轮，在定时器控制下，电力带动波轮时可以正、反方向旋转，水流带动衣服跟着左右及上下翻转。这样，洗涤剂和衣服之间，衣服和衣服之间就会不断发生摩擦、碰撞，如同人的手在搓洗、摔打的作用，让衣服上面的脏东西无处可躲，只能乖乖地被洗掉。另外，衣服在洗衣筒中飞旋，产生离心力，会把上面的脏东西统统甩掉。这样，衣服就干净了。

凹波轮洗衣机，洗衣缸底的圆盘波轮都是凹形设计的，接通电源旋转时就会形成柔和而有力的"心"形水流，衣物会伴随水流自由起伏，上下振动，可以将衣物污垢洗涤干净。

咦，现代科学好神奇

　　滚筒式洗衣机，里面有一个盛水的外筒和一个能够旋转的内筒。内筒转动可以让一些衣物上升，另外一部分稍微落后一些，如同用手前后搓衣一般；内筒带着衣物上升，先举出水面，再重新跌落下去，这个样子像捶打衣服一样；跌落的衣物压在筒底衣物以后，又类似在用手挤压衣服，令脏东西无处可逃。这样，衣服当然就能洗干净了。

　　无波轮洗衣机，它的洗衣桶下半部分如同波轮，能够整个地旋转，洗衣桶下半部分一般速度相当快，要比普通波轮快 10 倍。转动时，水流向中心聚拢，从而形成漩涡，作用于洗涤物上，但旋转的洗涤物又因为惯性向外作用于桶上。这样，桶和衣物之间相互冲击以及摩擦，很均匀地将衣服洗净。

　　我们用机械代替人力洗衣服，既方便又省力，这是人类聪明智慧的结晶。

拍拍脑袋想一想

有不用洗衣粉的洗衣机吗？

悄悄告诉你

小朋友都知道，传统的洗衣机都需要洗衣粉，但这会污染环境。如果洗衣机不用洗衣粉该多好啊！科学家还真顺应需要发明了不用洗衣粉的洗衣机。

超声波洗衣机就不用添加洗衣粉，它的工作原理是，由超声波发生器发出的高频振荡信号，通过换能器转换成高频振荡传播到水中，使水流产生数以万计的小气泡，瞬时高压使气泡产生一连串的小"爆炸"，不断冲击衣物，将衣物表面的污物迅速抖掉落。

电磁去污洗衣机的洗涤头上装有电磁圈，通电后，电磁圈发出微弱的振动。在快速振动下，污垢以及附着物迅速振动与衣物剥离。

活性氧去污洗衣机利用电解水产生的活性氧来分解衣物上的污垢，还有漂白作用呢。

臭氧洗衣机是将臭氧泵放在洗衣机中来清洗衣物的。臭氧分子可以分解衣物沾染上的尘埃和污垢中的有机分子，并将其溶入水中，从而将衣物洗净。污水经过过滤后，还可以多次循环使用，能节约用水。

离子洗衣机内安装有离子水发生器，会将普通自来水分解为离子水。离子水具有高渗透性，再加上离子独有的对污渍、灰尘的分解作用和吸附作用，可以将衣物洗得干干净净。

洗衣粉为什么可以洗去污垢?

小朋友们都知道,衣服脏了,就要洗一洗。洗衣服时,我们一般都会添加洗衣粉或肥皂,在水里不停地揉搓,最后冲掉泡沫残余,衣服就洗干净了。如果不用洗衣粉或肥皂,衣服就不容易被洗干净。

这到底是怎么回事呀?

原来,洗衣粉是由许多有机分子组成的。这种分子有一个突出的特点,一端容易和水混合在一起,我们叫它亲水端;另一端不愿意和水在一起,叫做疏水端。洗衣粉的分子在水中遇到油污,便用疏水端抓住油污,亲水端则把油污团团围住向外拉。这时,我们再轻轻揉搓,油污

便失去了对衣服的"附着力",一点儿一点儿地从衣服上掉下来,漂浮在水中了。再用水漂洗,这样衣服也就洗干净了。

值得提及的是,洗衣粉是人们日常生活中的一种大众消费品,随着现代科学技术的发展,洗衣粉的功能越来越多样化了,新的品种也在不断涌现。无磷洗衣粉有利于水体环境保护,被一部分地区推广;加酶洗衣粉中添加了适当酶制剂,酶是一种具有生物活性的蛋白质,可祛除血、汗、奶等蛋白渍,洗衣效果更好;超浓缩洗衣粉去污效果好,使用时放一小点就可以了;加香洗衣粉在洗衣时会散发芳香,使人感到舒适。

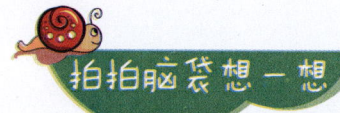

为什么不能用热水洗有汗渍的内衣?

小朋友,你洗过衣服吗?如果洗过,你有没有将被汗水浸透的背心放到热水里浸泡的经历?如果有,那你就是大错特错了。

那么,用热水浸泡沾满汗液的背心为什么会错呢?

原来,汗水里含有无机盐、尿素、蛋白质等杂质,被汗水湿透了的背心如果泡在热水里,蛋白质受热就会凝固,附在衣服的纤维上,受阳光的照射后会变成黄色,很不容易洗掉。

带汗的背心放在冷水里浸泡后,再用肥皂搓洗,就比较容易将衣服上的蛋白质等杂质洗掉。如果在冷水里放一点食盐,效果会更好些。

泡沫塑料为什么会那么软？

在常见的塑料中，泡沫塑料是最软的了。人们根据泡沫塑料的这一性质，用它来做沙发靠垫，做洗澡的搓澡包，就连它的一些边角料也可以用来作填充物，以保护物品。

那么，泡沫塑料为什么这样软呢？

其实，只要仔细看一下泡沫塑料的结构，我们就会明白，泡沫塑料就像面包一样，里面有许许多多小孔。当我们对它施加压力时，这些小泡泡就会被压得变了形状；撤去压力，泡泡便立即解放，恢复到原来的样子。

可塑料泡沫又是怎么形成的呢？

塑料泡沫的形成,与蒸馒头时放入小苏打是一样的道理。具体地说,就是在刚刚融化的聚乙烯等塑料液中加入会发泡的药品,等它胀到足够大时,塑料的温度也降低了,等液体塑料变成固体时,气泡就被固定在里面,形成了一块泡沫塑料了。

一些邮购的包裹里面为什么用泡沫塑料填充?

不知道你有没有网上购物的经历,当你在网上购买一些不耐摔、易碎的物品时,邮递回来的包裹中往往会有泡沫塑料等填充物。你知道这是为什么吗?

答案很简单,用密度小的轻便泡沫塑料作填充物,不但不会增加包裹的重量,而且可以起固定和缓冲压力的作用,避免所邮购的东西被损坏。

悄悄告诉你

铅笔上的字母 H 与 B 是怎么回事呢？

小朋友，你一定使用过铅笔。只要你留心观察就会发现，铅笔上印有 H 和 B 等字母。你知道铅笔上的这些字母有什么含义吗？

铅笔的笔芯是由石墨粉和黏土粉按一定比例混合，经过加温压制而成的。石墨很柔软，用纯石墨做笔芯既易折断又易磨损，掺入一些黏土粉可以增强笔芯的硬度。黏土掺得越多，铅笔芯就越硬，写出来的字迹就越淡；黏土掺得越少，铅笔芯越软，写出来的字迹就越浓越黑。

铅笔芯的硬度规格有 7H～1H、HB、1B～8B，其中 H 值越大，硬度越高，颜色越淡；B 值越大，硬度越软，颜色越黑。

"H"即英文"Hard"（硬）的开头字母，代表黏土，用以表示铅笔芯的硬度。"H"前面的数字越大（如 6H），铅笔芯就越硬，也代表笔芯中与石墨混合的黏土比例越大，写出的字越不明显，常用来复写。

"B"是英文"Black"（黑）的开头字母，代表石墨，用以表示铅笔芯质软的情况和写字的明显程度。它前面的数字越大，表明铅笔芯越软，颜色越浓、越黑，常用以绘画。这种铅笔通常在美术用品店或比较大的文具店里有售。

"HB"表示软硬适中的铅笔，一般学生书写用HB铅笔，工程上绘图会用到H、HB、B三种铅笔——H打底，HB写字，B加粗轮廓线。

现在学生考试一般要求用2B涂信息卡，以便电脑统一阅卷。你如果用HB涂信息卡，HB的硬度比2B大，黑色比2B淡，就容易引起电脑误判。

"F"表示硬度在HB和H之间的铅笔。

咦，现代科学好神奇

时针为什么要顺时针转？

大家只要留心观察就会发现，不管是挂钟还是手表，它们的时针都是顺时针旋转的。这是怎么回事呢？

原来，机械表的表盘来源于日晷。所谓的日晷，是人类测量时间间隔的第一个工具。如果太阳位于东方，阴影就朝向西方；如果太阳位于西方，阴影就朝向东方。因此，在白天里，阴影是自西向东移动的。也就是说，阴影对于朝向北的观察者来说，是呈顺时针方向移动的。

在机械表中，15世纪末在北半球引入的指针的运动，无论过去还是现在都与日晷的运动类似。在南半球，日晷的阴影则是从东向西移动。假设钟表起源于南半球的话，或许指针就会按逆时针方向移动。

另外，你知道钟表上为什么要设有三个指针吗？

因为1小时是60分钟，1分钟是60秒。钟表上的三根指针，短粗的是时针，转一圈是12小时；粗长的是分针，转一圈是1小时；细长的是秒针，转一圈是1分钟。钟表上有了这三根指针，任何时候，只要一看这三根指针在钟表上指的数字，就可知道是几时几分几秒了。

发生火灾时应该怎么灭火?

日常生活中,例如在烧火做饭的时候,一不小心就可能引发火灾。面对火灾,我们应该怎么灭火呢?

首先,遭遇火情时,千万不要惊慌,而应该迅速地作出判断。如是小火,可用脸盆、锅盖等盖住火苗,或用湿棉被捂住火团猛踩,然后用鱼缸、水壶里面的水扑灭剩余的火苗。

如果是油类起火，不要用水泼，只能用隔绝空气的方法或用沙来灭火。如果是电器起火，先要切断电源，即拉下电闸，再灭火。如果是煤气起火，要迅速地关掉开关，为防止煤气爆炸，千万不能在现场点火或用电话报警。

灭火的关键在于"快"。发生火灾时，要大声呼救，喊人来帮忙。若是火势很大或无法扑灭的大火，就要马上拨打火警电话119。

最重要的是，你知道怎么打火警电话吗？

首先，接通电话后要沉着冷静，向接警中心讲清失火单位的名称、地址，什么东西着火，火势大小以及着火的范围。同时还要注意听清对方提出的问题，以便正确回答。

其次，把自己的电话号码和姓名告诉对方，以便联系。

打完电话后，要立即到交叉路口等候消防车的到来，以便引导消防车迅速赶到火灾现场。

遇到火灾时怎么逃生？

1. 熟悉所处建筑的安全出口、灭火器的位置，以便遇到火灾时能及时疏散和灭火。

2. 当机立断，迅速撤离。受到火势威胁时，要当机立断披上浸湿的衣物、被褥等向安全出口方向冲去。千万不要贪恋财物。高楼起火时尤其不能进入电梯。

3. 穿过浓烟时，用湿毛巾捂住口鼻，采取低姿势或匍匐前进。

4. 暂时避难时，在阳台上呼救，用浸湿的被褥衣物堵住门。室外着火，门已经发烫时，千万不要开门，以防大火窜入室内。要用浸湿的被褥、衣物等堵塞门窗缝，并泼水降温。如果所有逃生线路被大火封锁，要立即返回室内，用手电筒、挥舞衣物、呼救等方式向窗外发送求救信号，等待救援。

5. 当各个通道全部被浓烟烈火封锁时，可利用结实的绳子或将窗帘、床单、被褥等撕成条，拧成绳，用水浸湿，然后将其拴在牢固的暖气管道、窗框、床架上，被困人员逐个顺绳索沿墙缓慢滑到地面或下个楼层而脱离险境。

6. 人们处在火灾中，如果有救生器材和设施要充分利用，争取火"口"脱险。

什么是信息高速公路？

小朋友应该都知道什么是高速公路，可你知道信息高速公路吗？

因特网是国际计算机互联网的英文称谓，它是传递信息最快的一种"路"。因为速度快，所以它又被人们称为"信息高速公路"。由此可见，"信息高速公路"是一种形象化的比喻。

所谓"信息高速公路"，就是一个高速度、大容量、多媒体的信息传输网络。它速度极快，比目前网络的传输速度高1万倍；容量惊人，一条信道就能传输大约500个电视频道或50万路电话。此外，信息高速公路的信息来源、内容和形式也是多种多样的。信息高速公路旨在建立一个能提供超量信息的，由通信网络、多媒体联机数据库以及网络计算机组成的一体化高速网络，向人们提供图、文、声、像信息的快速传输服务，并实现信息资源的高度共享。

构成信息高速公路的核心，是以光缆作为信息传输的主干线，采用支线光纤和多媒体终端，用交互方式传输数据、电视、话音、图像等多种形式信息的千兆比特的高速数据网。

信息高速公路为人们展示了一幅极为诱人的画卷，为人们的需求带来了极大的方便。

可视电话：不仅可闻其声，而且可见其人。可视电话可以将图像和声音一起传播出去，人们在打电话的同时，可以看到对方。

网络购物：足不出户，通过互联网浏览世界各地的商品，购买可下载的数字化信息产品或办理传统的商品邮购。现在网上购物十分方便，货物齐全，人们可以找到自己心仪的物品，克服了货源缺乏的弊端。

电视会议：多媒体会议系统将世界各地的与会者组织在一个虚拟的会议厅里，人们远隔万里也可举行会议，大大节省了时间和费用开支。上班族不用乘车外出开会，足不出户便可以聆听领导的声音。

居家办公：人们可以利用家庭计算机网络和办公自动化系统，完成所承担的工作任务，也可在网络上与他人合作，足不出户就可以居家办公了。

无纸贸易：利用互联网络实现方便、清洁、安全的电子结算和信用卡付账，纸币将逐渐退出流通领域，极大地节约了纸张，也变相保护了森林。

远程医疗：多媒体的三维图像信息处理与传输技术，为远程会诊奠定了基础，即使是边远地区的病人也可以得到最好的医生治疗。远程医疗甚至可以邀请世界级专家来会诊。

网络游戏：人们除了可以调用网上丰富的游戏软件外，还可以与远隔万里的朋友下棋、打牌等，其乐融融，好不爽快。

远程教育：互联网络实现了教师、媒体、学生的自主交流，任何人均可享用网上的教育资源，完成各级教育，而无需任何资格限制。现在的教师在暑假期间进修，都是利用远程教育来提高自己的业务水平，增加自己的见识的。

视频点播：人们不必拘泥于电视台播什么才能看什么，可以随时向网上视频信息库点播自己所喜欢的任何节目。交互式播放系统还可以按观众的要求选择相应的材料播放，由观众设计影视作品情节的发展。

知识点播：通过网络可以方便地访问遍布全球的数字图书馆、数字博物馆等的各种资料和数据，实现知识传输和知识共享，使知识查询变得十分方便。

总之，信息高速公路已深入到人们生活的方方面面，发挥着越来越巨大的作用。

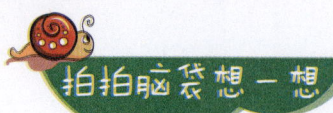

拍拍脑袋想一想

什么是"黑客"?

提到"黑客",小朋友或许想到从电视中看到的神秘"黑衣客",认为他们就是黑客。其实,这里说的"黑客"可不是他们,而是电脑"黑客"。

电脑"黑客"是怎么回事呢?

电脑"黑客"是指那些凭借娴熟的电脑技术和破译密码的本领,利用网络安全的脆弱性,把网络的漏洞和缺陷作为"靶子"进行攻击,以获取非法信息,如在网上进行修改网页、非法进入主机破坏程序、进入银行网络转移金额、窃取网上信息兴风作浪、进行电子邮件骚扰,以及阻塞用户和窃取密码等行为的人。"黑客"突出的表现是非法侵入他人计算机系统窃取信息,甚至破坏各种计算机系统,非法获取信息,进行相关的犯罪活动,如进行骗钱、骗物等活动。"黑客"是现代电脑系统的"超级杀手",政府部门、军事部门和金融网络更是他们攻击的主要目标,"黑客"给人们的生活带来了很大的影响和危害。

"黑客"不断编写出功能强大的探测工具程序,去查找互联网中计算机系统的漏洞,一旦发现某个系统有漏洞,他们就会创造机会登录和控制这个系统,进行相关的犯罪活动。"黑客"的行为,在我国是明令禁止的违法犯罪行为。如今,我国和其他一些国家的反"黑客"攻击技术已取得重大进展,反"黑客"攻击的软件功能也在不断加强。

近几年来,我国网络受黑客侵犯事件也屡屡发生,而且呈现明显上升趋势。为了确保网络的健康发展和网络电子化业务的广泛应用,应该加大对黑客和计算机犯罪的打击力度,加强对网络安全的防护,以确保网络的安全。

为什么电脑不能代替人脑？

如今，电脑几乎渗透到人们生活的方方面面。面对功能齐全、几乎无所不能的电脑，大家或许会提出这样的问题，电脑能不能代替人脑呢？

从记忆容量来说，电脑可以抵得过人脑。不过，这只是记忆的容量问题。电脑的本领再怎么大，也只能按照既定的程序运行，也就是按照人的意志办事。人把某些能够用语言表达和解决问题的知识、方法、经验等写入计算机程序，计算机不过是执行这些程序而已。只有能用语言做明确描述的问题，计算机才有可能解决。对于不能用任何语言描述的问题，计算机是无能为力的。在某种意识上来说，电脑都是受人为的设计而表现出来的行为，它只会"鹦鹉学舌"，不能创造。即便有所谓人工智能计算机，也是按照人存储的知识进行模拟"思考"，按照人的思想"办事"。人的创新能力、创新思想，是电脑无法自主产生的。

人脑的生理结构和工作方式与电脑完全不同。人的神经反应与人脑判断是一个非常复杂的过程，即便是最简单的一个动作，人脑也能在很短时间内，将各种器官的感知和记忆中的知识联系、加工、处理，有的非常迅速，有的甚至在事件发生前就做出了反应。对于外界获得的数据，电脑能做的只能是在海量知识库中一一搜索处理的规律和答案，其效率

必定不如人脑，因为它不会思考，不会创新。

　　人类的智慧，包含了许多语言所不能表达的成分，有些人能"一目了然"地认识事物，而即使是最先进的电脑，经过千万次乃至上亿次运算，也还是认识不了！无法用语言描述的问题，不存在算法，从而也无法被编写为程序，计算机也就无法解决该问题。因此，计算机再先进，也不能代替人脑。

　　人可以发现自我的不足，可以寻求自我的完善；电脑做不到，电脑没有辨别力，遇到错误、不能继续，电脑只能"僵死"。

　　人类有情感、意志，使得人类面对一些状况，能够有非凡的能力；电脑没有情感和意志，一旦外界条件难以满足电脑的物理运行，这时电脑无异于一堆破铜烂铁，处于"死机"状态。

咦，现代科学好神奇

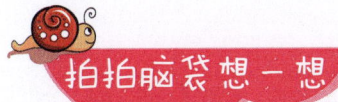

为什么数码相机不使用胶卷？

悄悄告诉你

你使用过数码相机吗？

数码相机虽然也靠镜头、快门摄取景物，但用的感光媒介不是涂满感光剂的胶卷，而是电子影像感测器。

电子影像感测器能够直接把景物反射光线转变为数码信号，然后做进一步的处理。所以数码相机不用胶卷就能工作，它只需要快闪储存卡。由于景物的影像已变成数码信息，因此数码相机还可以与个人电脑联通，配合使用。数码相机使照相不再限于照出一张相片，还可以通过个人电脑对影像进行色彩、光度、轮廓的修补和优化，甚至可以达到与原始图像完全不同的效果。

值得说明的是，储存在快闪储存卡上的信息可以被删除，重新摄取，也可以直接连在电脑上观看或对相片进行加工处理。

数码相机的迅速普及主要是因为它使用起来十分方便。如今，数码相机的电池使用时间不断增长，有的充一次电可拍400张清晰照片。同时，数码相机的存储卡容量也越来越大，一个"G"容量的卡能储存清晰照片数百张，相当于多个普通胶卷。如果配一台"数码伴侣"，还可以随时将卡里的照片转存到数码伴侣中，腾出储存空间再继续使用，而40G数码伴侣可储存900多张最清晰的照片。

过去使用数码相机，人们感到最不方便的就是冲洗，如今，随着数码相机的普遍使用，遍布各地的数码冲洗店应运而生，人们随时都可以将数码照片送去冲洗，价格也不昂贵。

然而，更多的人选择将照片储存在计算机、电子相册上或制作成光盘，因为这样既能节约收藏空间，又便于取舍。

为什么商品要用条形码?

在许多商品的包装纸上,都有一组宽度不同,黑白相间的条形图案,这种图案被称为条形码。

或许你会感到好奇,为什么商品要有条形码呢?

商品的种类很多,不同的商品也可以拥有一样的名字,就如同我们的名字一样,并不是唯一的,在同一所学校里可能出现同名同姓的学生,有时就会发生张冠李戴的情况。

对于众多的商品来说,如果不同商品出现同名的话,则更容易出现差错,给人们的消费带来麻烦。因此,不管是消费者、商店老板还是经营管理人员,都迫切需要一种简便实用的"商品身份证",用来区分不同国家和厂商及商品的尺寸、颜色、包装、属性等相关问题。条形码就顺应了形势的发展需要而诞生了。

条形码产生后,一种商品在世界上只有唯一的一个商品条形码。反过来说,一个商品代码也只能是一个商品。识别它的身份时,要用特殊的光电扫描器对条形码从左向右进行扫描,从粗、细、疏、密各不相同

咦，现代科学好神奇

的条形码中获取的光信号，并将其转换成电信号，再通过电子译码器，就可以知道商品的名称，还可知道商品的价格和质地。

条形码也就是一种商品的"身份证"。条形码是一种特殊的图形，里面包含了和商品有关的各种信息，如生产国代码、生产厂商代码、商品名称代码等，这些图形只有计算机才能"看"得懂。

条形码看似差不多，都是一组黑线条。其实，不同的条形码，黑线条的宽窄、黑线条之间的空隙都各不相同，它们分别代表了不同的信息。

条形码为管理商品提供了极大的方便。就拿超级市场来说，过去，售货员要记住成百上千种商品的价格，售出商品时要手工输入名称、价格，然后用计算器计算出总价。这样不仅耗时费力，而且容易出差错。有了条形码后，售货员只要将条形码对着与计算机相连的"条形码阅读器"扫一下，商品的名称、价格等就会自动输入计算机，又快又准确，还能根据需要，随时变动商品的价格——只要改动存储在计算机里的数据库就行了。

现在，条形码正在超级市场、医院、图书馆、书店等现代化管理中大显身手呢！

你知道条形码的使用功能吗？

条形码的使用功能大约体现在三个方面。

第一，自动进行阅读识别。只要用扫描阅读器扫过条形码的标签，计算机就可以自动进行阅读识别，确定商品的代码，然后找出定价、做好累计计算等，进行汇总结算，输出总金额。

第二，能对商品销售的信息进行分类、汇总和分析，有利于经营管理活动的顺利进行。

第三，可以通过计算机网络及时将销售信息反馈给生产单位，缩小产、供、销之间信息传递的时空差。

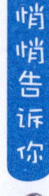